Giancarlo Rosati

Angelo Biondo

Youcanprint *Self-Publishing*

Titolo | Angelo Biondo
Autore | Giancarlo Rosati

ISBN | 978-88-91176-23-3

Youcanprint Self-Publishing
Via Roma, 73 – 73039 Tricase (LE) – Italy
www.youcanprint.it
info@youcanprint.it
Facebook: facebook.com/youcanprint.it
Twitter: twitter.com/youcanprintit

TI AMERO' OVUNQUE

Ogni notte di luna piena cerco la luce dei tuoi occhi
Le sussurro il mio amore affinché possa portarlo a te
Nei tuoi sogni, per addolcire le tue notti.

Ogni giorno di pieno sole
Cerco il calore del tuo amore ascoltando il battito del tuo cuore
Affidando ad un raggio di sole per te tutto il mio amore.

Ogni giorno che spira il vento
Ascolto il tuo respiro, il tuo richiamo amor mio ti amo,
Affidando ad una folata un sussurrato lamento   amor a te penso.

Ogni giorno grido nell'aria   parole   d' amore dette dal cuore
Grido a te   mio amore per non farmi dimenticare
E che tu ricordi quanto io t'amo e ti ama il mio cuore.

Ogni sera   giuro alla notte che ti verrò a cercare
Nel mio   sogno ti cerco perché sei tu che io amo
Ti amo oggi e e ti amerò oltre la vita nell'universo.

TI RESPIRO

Aspetto con ansia la mia ora d'aria
Così la chiamo per respirar pulito
Per sentir la freschezza di un amore vero
Che al mio cuor dà ossigeno e respiro.
Quanto mi manchi mia principessa
Di momenti d'amore via satellite siam schiavi
Quanto ti bramo mio dolce respiro
Quanto aspetto questo fremente momento.
Ti adoro e sto soffrendo, come fosse dolore
Questo nostro stupendo amore
Che io ti dono a gocce e presto asciugano
Tu mi dai un mare che non riesco a toccare.
Vorrei esserti accanto in questo momento
Scaldando il nostro amore,il nostro corpo
Ma è nell'aria il nostro sogno lì rimane,
È bello, doloroso, ma un amore intenso.
Come due prigionieri dietro le sbarre
Ci sentiamo stretti, elemosinanti
In cerca d'amore a mani tese
Io ti amo mio amore, ma la gabbia mi trattiene.
Mi consolo aspettando il sonno della sera
Sperando che la mente un sogno di te mi conceda
Li ti vedo,ti tocco, ti bacio, ti abbraccio
Come sei bella, quando a me vieni incontro.
Ti concedi come si concede ai venti la rosa
Donando la tua stupenda bocca, le tue labbra
Il tuo stupendo corpo che come un velo avvolgo
Rubando al sogno l'amore che mi ha concesso.

TI CERCO

In questa stagione di viole e rose
Sto pensando a te e nulla mi distrae
Guardo dalla finestra, giù nel giardino
Una rosa rossa tra salvia e rosmarino
Sta aprendo al sole il suo fiore.

Mi guardo intorno, ma vedo il vuoto
Te non sei con me in questo giorno,
Ti cerco in ogni stanza, in ogni cassetto
Come un pazzo ti vado cercando
In ogni foto, in ogni bacio, in ogni ricordo.

Vorrei capire cosa il mio cuor voglia
Mentre la mente a già deciso,
Non son sereno non riesco ad essere razionale
Il cuor mi dice con lei sempre devi stare,
Ma la ragione mi spinge ad esser razionale.

Cerco nei ricordi di distrarre il mio cuore
Accorgendomi che non mi sta ad ascoltare
Ed ogni momento a te sta pensando,
Sento nei miei occhi che una lacrima li sta colmando
Scivolando attraversa il viso, giù verso il mento.

Raccolgo le lacrime con la mano
Con la bocca assaggio il suo sapore
Sa di te, dei nostri baci, del nostro amore,
Nuovamente attraverso i vetri guardo il giardino,
Vedo nella rosa in fiore pulsar d'amore del tuo cuore.

TI ASPETTERO'

Ti aspetterò nel silenzio della sera
Ti aspetterò nelle notti insonni
Ti aspetterò finchè l'alba colori il nuovo giorno
Ti aspetterò nelle fredde e invernali notti
Ti aspetterò nelle notti di luna piena
Ti aspetterò nei miei giorni   bui, tristi
Ti aspetterò per tutta la mia vita rimasta
Ti aspetterò perché solo con te la vita ha senso
Ti aspetterò perché lo chiede la mia mente
Ti aspetterò perché lo chiede il mio cuore
Ti aspetterò perché la mia anima senza te non vive
Ti aspetterò perché ti penso   ogni momento
Ti aspetterò perché ti voglio   aver accanto
Ti aspetterò perché senza te non ha senso la vita
Ti aspetterò perché senza te non c'è colore
Ti aspetterò perché senza te e' un pò morire
Ti aspetterò perché io ti amo da   impazzire
Ti aspetterò perché è Dio che ci ha fatto incontrare
Ti aspetterò perché mi ha donato il cuore
Ti aspetterò perché è tanto l'amore che provo per te
Ti aspetterò perché voglio baciare tutta la tua pelle
Ti aspetterò perché le mie mani vogliono toccarti
Ti aspetterò perché voglio assaporare le tue labbra
Ti aspetterò perché l'amore supera ogni ostacolo
Ti aspetterò perchè non voglio annegare nella tua assenza
Ti aspetterò perché voglio dissetare i miei sensi
Ti aspetterò perché il mio amore le tue dolcezze cerca
Ti aspetterò perché il mio cuore ti cerca
Ti aspetterò perché nel sognarti mi dirai" amore mio ti amo".

TERRA NATIA

Nella vita mia trascorsa ho visitato tanti posti,
belli e brutti , ma questo va a gusti,
da militare tutta l'Italia mi hanno fatto attraversare.
 Per lavoro sono andato dell'Italia
 fino oltre il confine, con il passar degli anni ,
giù fino a ritornare da dove son partito.
Per divertimento ho girato
ciò che dell'Italia non avevo visto,
sconfinando fino ad arrivare in Europa.
Terra mia terra del monte Amiata,
 uguale a te non ce né nessuna,
tu mi hai donato la vita.
Io ti ho dato la mia giovinezza,
poi da uomo ti ho lasciato,
per ritornare con fierezza nella mia terra
con la giovinezza persa.
Terra mia montana, sono tornato
per assaporare la tua neve
le tue giornate gelide di tramontana,
le tue tiepide serate estive,
il fresco della tua montagna.
Terra mia terra, fatta di tufo
 resti del vulcano spento,
di acque sgorganti che dissetano
città e paesi circostanti.
Alle nostre fontanelle
oramai ridotte a pochi esemplari,
 disseti villeggianti e paesani.
Terra, terra amara
ai dato il massimo nei tempi passati,
ma non era mai sufficiente
per sfamare tutta la tua gente,
che come me è dovuta emigrare
per poter la famiglia mantenere.
Terra di Toscana, posizionata sull'Amiata,
dove il castagno fin dai tempi antichi

era ed è la vita,
con i tuoi funghi gustosi
ai sfamato interi paesi.
Con la legna dei tuoi castagni e faggi
hai riscaldato interi villaggi,
 con il tuo mercurio a molti desti lavoro.
Terra mia terra, voglio che tu sia sempre viva,
 sempre attiva, e quando sarà il momento
 tu mi accolga tra le tue braccia sotto il tuo manto.

TERRA MIA

Terra, mia terra di Toscana bella
Io ti amo e ti penso ogni istante
Vivo da emigrato
Per un lavoro fisso da sempre sognato
Terra amara tra le colline
E la montagna del Monte Amiata.
Terra di sacrifici e fame
Che troppi tuoi figli
Hanno dovuto lasciare.
Io ho pianto per averti abbandonato
Ma ritornerò un giorno
Terra mia te lo giuro.
Viver lontano con altra gente
Gente di altri luoghi
Che ti chiamano   terrone.
Eppur di Italia tutti facciam parte
Tutti a Roma Capitale
Vanno a pescare.
La mia nostalgia è per te,
Terra mia
Se pur avara nelle risorse.
Terra mia dove vive gente perbene
Che non fa ostilità
Nè verso il Sud né verso il Nord .
Terra mia dell'Amiata
Da me stesso odiata e amata
Per la tua asprezza e avarizia.
Eppur hai fatto viver
Le tue genti nel passato
con i tuoi castagni funghi ed olivi.
Ma or non basta
viver di questo!
Vogliam vivere e progredire.
Molti, troppi come me
An dovuto emigrare
Verso altri luoghi per lavorare.

Terra, terra mia non so quando
Ma tornerò un giorno
All'ombra di un tuo castagno.

TEMPORALE NOTTURNO

Triste è la notte
Che di tenebre si scura
Nel cieli senza ne stella ne luna
Sembra tinta di morte questa notte
Si ode il fischiar forte
Del vento che spira
Questa notte fa paura;
Il batter cruento di pioggia
Sul vetro delle finestre
Incupisce ancor più la mia mente
Dal tetto scorre a terra
Un rivolo d'acqua
Che sbatte su un tetto sottostante
Si placa la rumoreggiante acqua
Sui vetri delle finestre
Un rombo di tuono squarcia l'aria
Illuminando a giorno la stanza
Tutto si placa;
pure il fischiar del vento
Solo il tintinnar dell'acqua
Che scola dal tetto al sottostante
Come una musica mi suona
Pian piano mi assopisco
Come un bimbo da mano cullato.

TEMPESTA

Ti aspetto dolce amore
Tenendo il fuoco acceso.
Preparo il te delle cinque
Che a te piace tanto.
Al tuo arrivo ti accarezzerò
Coprendo le tue labbra di baci.
Ti avvolgerò nel mio desiderio
E di amor pienerò il tuo cuore.
Ti farò sentir quel calore d'amore
E al mio cuor non potrai Sfuggire.
Ti accoglierò con un mazzo di rose
Ti parlerò con la mia voce solo d'amore.
Il mio cuor ti guiderà verso l'oblio
Nel mio rifugio, in un porto sicuro.
Ti abbandonerai tra le mie braccia
E come tempesta ti batterò tutta.
Spegnendo l'ardente fuoco
Che il tuo corpo avviluppa.

TEMPESTA D'AMORE 2

Le tue membra infuocate d'amore
Avvolgono il tuo corpo di calore
Quel calore che è fuoco, fuoco d'amore
Che brucia tutto ciò che le scorre accanto
Ti porterò nella mia tana di lupo.
Qui il tuo corpo infuocato avrà sfogo
Ci abbandoneremo ai nostri desideri,
Il tuo corpo un vulcano attivo
Io sarò la tua tempesta, il ciclone
Che spegnerà il tuo bruciante ardore.

SUSSURRI DEL CUORE

Amore alza gli occhi al cielo
Conta le stelle, in ognuna c'è per te un pensiero ,
Una   parola d' amore, un sogno da realizzare
C'è scritto qualcosa, una storia d'amore
quella del mio cuore, che per te duole.

Alza gli occhi   ogni notte al calar del sole,
Guarda il rosso del suo tramontare
Quello è l'ardore che per te   provo amore
Leggi nel cielo le stelle raccolte a forma di cuore,
Il cielo, fa da sipario alle stelle che ti sussurrano amore.

SURREALE VERITA'

Oggi come ieri la vita è sacra
Ma alcune nazioni non sanno
Più come gestirle.
Mi sono scritto migliaia di domande
Che a competenti vorrei esporre,
Oggi si vive una media sopra
Gli ottanta anni, nel mondo siamo
Di persone sei miliardi
Come sfamarli? Come curarli?
Nel duemila venti sfioreremo
I dieci miliardi, a tutto questo
Va posto rimedio,
Nel duemila quaranta sfioreremo
I quindici miliardi, io non so
Se sarò vivo, ma penso ai miei figli
Ai nipoti, hai figli dei nipoti,
Come li sfameremo? Come li cureremo?
Come ci muoveremo sulla terra?
Quanto saranno grandi i cimiteri?
Cosa e chi domani darà notizia
Delle nascite e dei decessi?
Per i necrologi ci saranno
Giornali appositi?
Le guerre finiranno?
O saranno più cruente?
Con che armi le faremo?
Con frecce ed archi?
O saranno biologiche?
Le galere avranno paesi interi
Per contenere i delinquenti?
Oppure torneremo ai campi di lavoro?
Oppure li uccideremo,
Per averne qualcuno in meno?
Andremo ancora al cinema?
Oppure lo svago sarà veder morir
Di fame milioni di persone?

Di domande ne avrei migliaia d'altre
Ma mi fermo qui, vorrei risposte
Già sono da paura quelle che ho esposto
Ma un'altra paura mi attanaglia,
Se non avremo cibo a sufficienza
Quale popolo diverrà cannibale per primo
Portando a casa come bottino un umano.

STRUGGIMENTO

Nulla eri   per me ieri, tutto oggi sei
Padrona del mio cuore oggi sei
Non importa se muoio   anche domani
Morir d'amore per assaporar il tuo amare
E' vivere in eterno tra le braccia della passione.
Son qui a scriverti parole dettate dal mio cuore
E' grande il bisogno del tuo amore
Che mi da forza, passione che serve a farmi vivere
Senza i tuoi baci, le tue carezze sono inerme
Una pianta di rosa nel deserto senza acqua appassisce.
Ogni istante a te penso, la mia mente sta fondendo
Le mie parole son dettate dal mio cuore
Tu affolli la mia mente la mia anima confondi
Lasciando al tuo passaggio amore e dolcezze
Ogni giorno di te il mio bisogno e' sempre piu' grande.

STORIE DI CUORI

Ho cercato di capire cosa fosse per me   l'amore
Un'emozione come fa ad essere cosi forte
Come può renderti schiavo e lasciarti senza respiro,
Ogni mia reazione risulta vana.
Cos'è che mi fa battere il cuore così forte
Cos'è questo amore che occupa tutti i miei pensieri,
Ogni tentativo di reagire risulta inutile
Per me l'amore è aver incontrato un altro cuore.
Te che hai risvegliato   la mia racchiusa giovinezza
TE che hai destato in me sopiti ricordi d'amore
Hai destato dal letargo il mio cuore
Conquistando   il mio corpo e il mio intelletto.
Sento i battiti del mio cuore impazzire
Al solo pensiero di poterti stringere, baciare
Nella mia mente passano di te pensieri e parole
Ti amo mi hai detto un giorno per me speciale.
Una sola frase che accompagna il mio cuore
Ti amo: tu sei il mio grande amore
Perchè proprio me Cupido ha colpito
Io che l'anima ed il cuore avevo assopito.
L'amore non ha spiegazione, ti colpisce il cuore
L'amore ti rende vivo, non c'è età che lo può fermare
Senza sei un essere che vegeta, non vive,
Non mi difenderò dall'amore, è bellissimo amare.

SPERANZA DI NUOVA VITA

Mi sento stretto come da un torchio,
da me non uscirà più niente,
sono asciutto, arido anche nel cuore,
pure lo spirito si è arreso.
Ho fatto l'esperimento con un limone,
lo ho stretto tanto da farlo dalla buccia lacrimare,
aperto dentro non rimane che le membra
del prosciugato limone sono sfilacciate.
Ecco io sono quel limone,
non chiedo alla morte di farmi felice,
ancora mi regge un po l'intelletto
e finche lui regge io non farò mai tale gesto.
Ma cosa devo aspettarmi,
ma cosa mi aspetto,
dopo l'ennesima botta ricevuta
tutto questo dolore la vita mi ha distrutto.
Al contrario del limone che non ha più speranze
della mia vita ancora posso disporre
devo trovar la forza di riempir le mie membra
di speranze di una futura vita da me perduta

SORGENTE D'AMORE

Fiore del mio cuore rosa dell'amore
Acqua della mia fonte dissetami
Sgorga le tue acque, soddisfa la mia sete
Risveglia la mia anima tu fonte dell'amore.
Tu blu che stai lassù illumina tutte le stelle
Del tuo cielo in questa notte oscura, e per me amara
Fa che le nostre vite siano in questa notte unite
Fa che i nostri cuori siano come di rosa boccioli.
Signore fa che il calore del sole conservi il nostro amore
Fa che ogni lacrima che mi esce dagli occhi lei asciughi
Fa che la sua sorgente pura e fresca la mia vita rinfreschi
Risvegliando in me la voglia di rivivere, amare.
Lascia che la sorgente a me venga, che verso me sgorghi
Lascia che la sua acqua mi sollazzi, cullandomi il cuore
Che mi prenda per mano, mi porti lontano
Mi accarezzi dolcemente, con i suoi raggi mi riscaldi.
Signore fa che la sua acqua diventi una cascata
E riempia d'amore le nostre bisacce del cuore
Fa che i nostri cuori siano pieni, che mai siano vuoti
Fa che la sorgente alla foce del nostro amore ci porti.

SOLO NOI

Tu amore che brucia la mia vita
Tu rosa profumata che la mente inebria
Tu che dai fede alla mia vita spenta
Tu amor che copri il mio cuor di dolcezza.
Tu che ogni tuo bacio in paradiso porta
Tu fragolina dolce che di me apre ogni porta
Tu che profumi di gelsomino e rosa
Tu che dai ai miei sensi vita nuova.
Io mi curerò di te di ogni tuo desiderio
Io che ti amo sopra ogni cosa a te amor non nego
Io sarò del tuo cuor sicuro rifugio
Io ti cullerò vegliando sul nostro amor sicuro.
Io sarò la tua coperta nel tempo   freddo
Io sarò il tuo cuscino del dolce riposo
Io sarò il tuo dessert per addolcir la tua vita
Io sarò la tua fonte che la tua sete placa.
Noi saremo una sola mente, una sola storia
Noi saremo due cuori che han una sola memoria
Noi viviamo   sotto una coperta fatta di luna
Noi al cielo detteremo la nostra storia.
Noi due fiori in un solo stelo
Noi un amore un amore vero
Noi come due angeli puri in un sol pensiero
Noi due corpi che si stringon sussurrando: ti amo!

SOGNO

Vorrei scomparire   tra cielo e mare
Nascosto   tra le nuvole diventar invisibile
Vorrei essere inondato da zucchero filato
Bevendo acqua   che la nuvola conserva.

Vorrei dormire profondamente su quel letto soffice
Con la testa su un cuscino fatto di piume,
Vorrei che le mia membra si distendessero
In un riposo salutare per lo spirito e la mente.

Vorrei veder la gente camminare sul marciapiede
Senza esser visto, qualche scherzo poterle fare
Vorrei veder la mia adorata, innamorata
Se piange, oppur è contenta, della la mia dipartita.

SOGNO EROTICO

Ti vedo castana, così bella
Così bella come una madonna
La tua bocca le tue labbra
Tu mi doni baci, il tuo corpo,
I tuoi seni, sembrano scolpiti nel marmo.
Mi parlavi ed io ascoltavo,
Non ricordo più le tue parole or che son sveglio
Dimmi le tue parole dolce fanciulla,
Vienimi in sogno, voglio il tuo corpo
E di veder il tuo viso bramo.
Senza di te il mio giorno è buio
Tanto bella ti ho visto in sogno
Tanto amore mi hai donato
Tanto odor di gioventù mi hai donato
Tanto bella come un angelo bruno ti ho visto.
La mia bocca aspetta un bacio
Il tuo corpo splendido e caldo ancor sogno
I tuoi seni turgidi e pungenti,
Io son pronto ad accoglierli, baciarli
Non c'è più dolce cosa di te mia rossa rosa.
Parlami mio angelo della notte
Dimmi dolci parole oh mia amante
In questa notte come tante
Dimmi angelo o amante
Dimmi : di me cosa ne vuoi fare.
Vienimi a trovarmi da sveglio
Voglio veder la tua splendida immagine
Non far che questo sia un miraggio
Un sogno nel sonno
Conosco il tuo corpo, il tuo sorriso.
Se vorrai vedermi ancora mio sognatore
Pensai ogni notte come fosse amore
Mi avrai con te sempre
Tutte le notti che chiuderai gli occhi
Pensami da sveglio sarà tutto un sogno.

SOGNO DI GIOVENTU

Dei miei sogni mi disfaccio
Passo notti e giorni insonni
Penso alla mia giovane età
Che mi è sfuggita tra le dita
Senza rendersi conto ti trovi uomo.

Esser uomo tra tanti altri
Che ha perduto i suoi momenti
Mentre altri ne ho goduti
Ma ciò che non resta è la giovinezza
Che si sperde e si invola.

Se la giovinezza di ghirlanda la glorio
Sarei ridicolo non apprezzar altre tappe
Anch'esse importanti della vita
Ma sicuramente meno pregne ,
Meno emozionanti e con tante speranze.

Ma la pena rimane viva nel cuore
Di breve giovinezza, mal sfruttata
Mentre vorrei giovinezza tutta la vita
Con mente d'oggi di età tarda
La giovinezza a suo tempo non si apprezza.

Oggi non ho più l' e brezza della gioventù
Né nei miei sogni, nè nel cuore
Non freme più per un amore, un fiore
Un sogno mai raggiunto,un amore sprecato
Resta l'asprezza di un sogno di giovinezza

SOGNO DEL RITROVATO AMORE 1

Il mio cuore sanguina
Non più sangue liquido
Ma sabbia e polvere
Del mio perduto amore
Riguardo la tua foto sorridente
Tra le mani stringi
Una conchiglia gigante
Mio amore da dove ti trovi
Sentirai il mare il suo profumo
Il suo frusciare dell'onda
Che sulla sabbia si infrange
Cammina nelle tenebre
Vienimi a trovare
Verrò con te, se mi darai
La mano sarò a te vicino
Nel tuo e mio cammino
Sento del cuor il tuo battito
Del mare il frusciare
Sento un leggero vento
Il tuo passo avvicinarsi
Nel buio ti tendo la mano
Tu dolcemente mi sussurri
Amore mio è già tempo andiamo.

SOGNO D'AMORE

Ti cerco sfuggente ladra della mia anima
Ti sogno come tu fossi il mio dorato tesoro
Ti penso ogni giorno, ti cerco ogni momento
Non posso non pensarti, sarebbe un attimo perso
Ti cerco come un bimbo cerca la poppata.
Ti trovo nei ricordi   assieme vissuti
Ti sento sulla mia bocca che mi baci
Ti sento con un brivido mentre sfiori il mio corpo
Ti sento quando mi sussurri,amore ti amo
Vedo i tuoi occhi nei miei quando mi osservi.
Mi hai rubato l'anima ed il cuore e ne sei fiera
Ti vorrei amare come merita una regina
Ti aspetto ogni momento che non arriva
Ti desidero ma è lunga la mia attesa
Ti cerco in ogni rifugio creato nel mio corpo.
Ti bacio,coccolo nel mio sogno erotico
Ti bacio fino a perder fiato
Ti amo come tu fossi un oracolo
Ti abbraccio lungo tutto il tuo corpo
Ti cerco ogni notte   nel mio letto

SOGNI DI INNAMORATI

Scende una lacrima solcando il tuo volto
Guardo i tuoi occhi che guardan nel vuoto
Vedo un passato che non è stato roseo
Sento le voci del tuo trascorso che girano in tondo
E portan ricordi dei tuoi sorrisi e dei tuoi pianti.

Sepolto i ricordi di buio, luci e tormento
L'amore si fonde intorno a due cuori decisi ad amarsi
Né pioggia nè vento, potrà mai   fermarli,
Rumori pacati di baci e dolci sussurri tra gemiti d'amore
Solo l'orgoglio di un uomo può farti felice un istante.

Non sento più baci , nè carezze, né parole, nè gemiti
Più non favelli dolci parole, dove sei mio amore
Amore sei un fiore, un'aurora boreale d'ogni colore,
Sei luce che sfrutta del tuo fuoco il calore,
Sei l'amore che asciuga le voglie di un uomo in amore.

Allora cos'è questo strano pensiero che ti assale
Cos' è questo gioco di tempi finiti, i nostri passati
Cos' è che ti lascia la luce nel cuore nelle tue notti
Non si può dire che non sia   sentimento o amore
Svegliandoti ogni mattino intontita,felice, da sogno divino.

Se mentre ti alzi, mio amore, ti senti stranita, persa
La colpa è del vento che allunga e distorce parole
Portando i ricordi più dolci a divenire più amari
Sai dirmi dove hai lasciato i tuoi desideri, stanotte
Se riesci a capire l'amore ti resteranno dolci parole.

SOGNANDO LA LIBERTA'

Raccontami di quando ancor ragazzo
Cercavi libertà , ma non era il tempo
Racconta delle notti stellate passate a sognare
dei canti che dal cuore uscivan dalla bocca.

Ancora narrami   dei sogni infranti, della tua giovinezza,
Dei dolori di piccoli amori brucianti, i primi sussulti
Dei pianti nascosti per amori proibiti, mai fruiti
Apri il tuo cuore e svelami tutti i segreti.

Ho   lasciato che il tempo scivolasse sugli anni
Nel silenzio di un letto quanti sogni
Sulla   lunga   chioma bionda   quanti ricordi
Non lasciare che tutto passi oltre gli anni.
.

Trattienimi e gridami ,urlami, fermati
Con la voce dell'anima di quegli anni ruggenti
Perché vita sei passata, tenendo i ricordi nascosti
Or che mente addietro ritorni cerca   tra le pieghe dei sogni.

Libertà cercavo in quegli anni, ma oramai i capelli son bianchi,
Fragile   era quella parola, ancor oggi da giovani ricercata
Ma la vita con me è stata buona, con chi più non c'è è stata avara
In nome dell'amore cercavo vie nuove, ora son rimaste solo parole.

SOGNANDO I NOSTRI ANNI

Sto pensando come ci vedremo io e te
Quando   da anziani, diventeremo vecchi,
Già ti dico che mi piacerai ancora
E ancora seguirò di noi la nostra follia.

A quel tempo   le nostre strade
Non ci porteranno oltre il nostro cuore,
Ma sarem felici di darsi ancor il buongiorno amore
Ed un bacio sulle labbra ci darà il buon umore.

Se ti guardo con gli occhi che avrò da vecchio
Ancora ripenso al tempo assieme trascorso
Nel tuo ridere so che va all'amor il ricordo
Quando da un bacio si finiva in un incendio.

Vorrei in quel giorno avere una tua risata
La chiave che del tuo cuor apre le porte
All'amore, all'anima, al corpo, al cuore
Or che da vecchi, la tua porta è sempre chiusa.

Or che sian vecchi ti guardo con altri occhi
Ancor sei lì e ancor mi guardi, mi carezzi
Cercando la strada per arrivare al mio cuore
Oramai anch'esso indurito dagli anni.

Quanti sogni fatti e mai a pieno goduti
Quante   notti in bianco dicendo, ho dormito male
Adesso dalla vita non so cosa aspettarmi
Se non per te e da te soltanto buona notte amore.

SIMONCELLI GRANDE CAMPIONE

Corri! Corri veloce!
Fai vedere che di Valentino
Sei il più forte.
Quanti sorpassi quante emozioni;
hai regalato ai tuoi tifosi.
Con Valentino eri amico
Forse per questo nella corsa
gli stavi dietro.
Di tutti sul circuito avevi rispetto
Si! Qualche sportellata
La hai pure data; ma una ogni tanto.
SIC sei stato grande!
Sempre allegro e simpatico
Molte volte mi son domandato:
_come faceva a star dentro il casco
La tua ricciola e lunga chioma?
_Era la tua forza la capigliatura?.
Quel brutto giorno per tutti
Gli sportivi del mondo
Per chi ti amava o remava contro.
Quanti voli avrai fatto con la moto
Quel giorno era destino che avvenisse il fatto
Di rovinarti addosso altre moto.
SIC son sicuro che anche lassù
Stai facendo il tifo magari per l'amico
Che oggi non ha più chi lo sfida.
Ma te lassù non hai mai smesso
Di correre neppure adesso;
sei il campione del Paradiso.
Sei vincente in ogni corsa
Sono felice SIC ma più di me
C'è Babbo e Mamma e la tua ragazza.

SILENZI E SOLITUDINE

Quanto rumore fa il silenzio,
Quanto è triste la solitudine
Quel silenzio che un giorno non era a me attorno
Quella solitudine che un giorno era allegria
Quanto spavento mi mette il silenzio
Quanta emozione mi causa la solitudine.

Ma ora basta!
Sono consapevole che ciò che temo non è reale
Basta inesistenti colpe che non ho
Basta con la solitudine, che ti rende ottuso, pauroso
Bastano lacrime versate inutilmente
Basta perdermi nella disperazione.

Il mio silenzio troverà un nuovo amore
La mia solitudine la spenderò per amare
Le mie lacrime le verserò per far crescer un fiore
Le mie paure le sperderà l'amore
Le mie colpe saranno solo di volerti amare
Ma ciò che temo è la consapevolezza del reale.

SI NASCE E SI MUORE

Si nasce si cresce, si invecchia , si muore,
Nell'universo tutto questo
Avviene in un tempo molto breve.
Dal giorno che sei nato
Basta fare un passo e sei già ragazzo,
Nel tempo che ti chiedono
Quanto fa quattro più quattro
Non hai il tempo di dire otto
Che sei già giovanotto,
La fidanzata ti bacia prendendoti per mano,
Hai gia due figli grandi e sei un anziano,
Vai in bagno e ti guardi allo specchio,
Oramai sei diventato vecchio,
 Ti metti sdraiato hai il fiato corto,
Non ti accorgi di essere già morto.
In questo universo esasperato,
Ti accorgi di esser stato fortunato,
Anche se in breve tempo
Sei nato e invecchiato.
Pensa a tutti quelli che
Non ce la fanno ad invecchiare,
Mentre gli fanno la domanda,
Quanto fa quattro più quattro,
Non fa a tempo a dire otto,
Che è già morto, non uno, nè cento,
 Ma sono migliaia
Che non arrivano alla vecchiaia.
Una cosa è consolante il ricco,
Il povero, il credente   e il delinquente,
Il Padre Eterno e il destino,
Non si corrompe,
 Tutti uguali davanti alla morte.
Una richiesta vorrei fare al Signore,
Visto che in breve tempo si nasce e si muore,
Vorrei non soffrire di malattie e dolore.
La nostra vita è un passaggio tanto veloce,

Da non vedere neppure
Cristo sulla croce.

SGUARDI D'AMORE

Ho udito una musica struggente
Guardando il cielo ho visto un bagliore accecante
Guardando una visione, il tuo volto
Il fiore dell'amore, brucia, come fuoco nelle vene.
Per uno sguardo ancor immolerei la vita
Pur di non perdere il tuo amore
Ricordi o mio amore il tempo delle mele
Che portava tra le mani i suoi giovani anni.
Mi perderei tra le tue braccia
Mi perderei tra i tuoi baci
Or   voglio gridare amore, amore ,amore
Fissando i tuoi occhi e perdermi in essi.

SENTIMENTO

Sei una lacrima che mi accarezza   la guancia
Sei le parole che vuol sentir il mio cuore
Sei l'amore che l'anima distende.
Come potrei dirti che non ti amo
Se sto combattendo contro il mondo intero
Se sto cercando la strada per il nostro futuro.
Si lo ammetto; a volte mi sento perso
A volte vorrei non averti mai incontrato
Ma mi accorgo che di te non posso fare a meno .
Mi avvolgo nel dubbio, nella paura di perderti
Non riesco a controllare questo nostro sentimento
E' un dolore che mi attanaglia, mi logora dentro.
Nella mia vita sei l'unica persona importante
Con te non ho armi, non so come comportarmi
Ti Amo,   per questo non voglio perderti.

SENTIMENTI PERSONALI

Amo i film comici
Amo i cani, i gatti mi sono indifferenti,
Amo il castagno che dà buoni frutti
Amo la gente sincera, non strafottente
Amo il rosso come il toro
Amo esser puntuale
Amo restar poco in un sol posto
Amo scrivere, cosa non importa
Amo toccar tutto ciò che vedo
Amo l'amore tra due persone
Amo l'amore mio, ma è personale
Amo non festeggiar compleanni
Amo gli anniversari, quelli degli altri
Amo chi ha buon umore
Amo la povera gente, chi è umile
Amo l'operaio che tira avanti,senza lamentarsi
Amo aver delle certezze, odio le riserve
Amo il freddo invernale, non il caldo infernale
Amo favoleggiare,anziché discorsi seri
Amo le rose, ma la rosa rossa in particolare
Amo il gelsomino che mi inebria i sensi
Amo gli occhi marroni e capelli bruni
Amo toccar ferro per lo scongiuro
Amo tutto quello che mi suggerisce
        L'occhio o l'intelletto
Amo il mio cuore quando insegue l'amore.

SENTIMENTALSENSO

Amo i   films comici
Amo i cani, i gatti mi son indifferenti
Amo il castagno che da buoni frutti
Amo la gente sincera, non strafottente
Amo i miei attrezzi da lavoro
Amo il rosso come il toro
Amo esser puntuale
Amo restar poco in un sol posto
Amo scrivere, cosa, non importa
Tutto ciò che vedo o tocco con mano
Amo l'amore tra due persone
Amo l'amore mio, personale
Amo se non si festeggian compleanni
Amo gli anniversari, quando son tanti
Amo chi a buon umore
Amo la gente umile, semplice
Amo e ammiro l'operaio che tira avanti
        La famiglia senza lamentarsi
Amo aver delle certezze, odio le riserve
Amo il freddo invernale
        Non il caldo infernale
Amo favoleggiare più che immergermi
        In discorsi seri
Amo la rosa rossa per il suo colore
        Il gelsomino per il profumo
Amo gli occhi marroni e capelli bruni
Amo molte cose, ne odio alcune
        Altre mi sono indifferenti
Amo toccar ferro per lo scongiuro
Amo tutto quello che mi suggeriscono
        L'occhio e l'intelletto.

SENSUALITA'

La sua voce così sensuale e gentile
Mi dà momenti di eccitazione e passione
Con   il tuo parlar d'amore così sensuale
Sei entrata   nel mio cuore.
Come un volteggiar di farfalla
Nella mia   mente ti sei fatta strada
Non ho altro che di te pensiero
Perdendo ogni tanto la cognizione del tempo.
Io ti vorrei   con me ogni momento
Per donarti quello che ad altri non ho concesso,
Sto aspettando il giorno del tuo ritorno
Stringendomi a te e dirti quanto importante sei per me.

SEI

Sei sangue che scorre nelle mie vene
Sei il ritmo del mio cuore
Sei il calore che avvolge il mio corpo
Sei una ferita che curo da una vita.
Sei il seme che germoglia nel mio cuore
Sei gioia e dolore , pianto e sorriso
Sei labbra e mani che accarezzano il mio corpo
Sei donna che si inalbera, se non ha certezza.
Sei moglie amante, amica
Sei enigma irrisolto e libro aperto
Sei mamma, nonna e confidente
Sei incatenata alla mia vita.
Sei su una   nuvola sospesa, sognando amore
Sei come un sigaro che brucia lento
Sei alcool nella gola che lascia senza respiro
Sei l'amore che non sa mentire.
Sei una colomba in bilico su un cornicione
Sei prete, confessore, strappi dalla bocca amore
Sei un ladro che ruba cuori
Sei guardia dell'amore ammanettandomi il cuore.

SEI UN POETA

Liberate i cuori   fantasiosi poeti
Di storie e d'amore cantatemi i versi
Lasciate danzare le Muse ispiratrici
Lor san sollevare le anime   chine.

L'estroso tocco   poetico
Con   maestria sai   interpretare
Parlando d'amore come   storie vissute
E di emozioni chi ascolta riempi i cuori.

Nel profondo   dell'animo umano tu scruti
Mai si lasci coinvolgere in penose emozioni
Ma   nel cuor porti ferite e nella mente ricordi
Svelando pietose emozioni di fatti accaduti.

Sempre libero è il tuo pensiero vaga, libero
Senza catene o funi   che imbavaglian le idee
Tu vivi di poesia portando emozioni,
Poeta non smetter mai di portar emozioni.

SEI LA VITA

Amore, amore mio quanto ti amo
Amore mio tu sei l'aria che respiro
Sei la mia storia   infinita
Voglio passar con te   il resto della   mia vita.

Voglio viverti come si vive un'immagine sacra
Voglio coglierti tutti i giorni come una rosa
Sfogliarti ogni di dei tuoi petali come una margherita
Contando i giorni, i mesi, gli anni con i fiori di mimosa.

La tua bocca di cui ogni   momento mi fai dono
È inebriante e profumata   come un ciclamino
Amor mio con te voglio viver il mio cammino
Il tuo sguardo, il tuo sorriso, il tuo cuor a me son vicino.

Sei la mia fonte, che il cuore e l'anima disseta
Sei il mio prato che ogni giorno mi da un fiore nuovo
Sei il mio vento che mi sussurra amor mio ti amo
Ogni pensiero verso te vola, sulle ali di un gabbiano.

Questo amore è infinito, proibito, maltrattato, sofferto
Tu mi chiedi solo:- Amor mio   stammi   accanto-
Tu rosa rifiorente, all'amore   stai dando il cuore
Io senza te   mi manca l'aria, sei l'ossigeno dell'amore.

SCIROCCO

Vento che spiri impetuoso
Tra gli appezzamenti di castagni
Facendo chinar la chioma ad ognuno
A volte spezzi di carico frutto il ramo.

Soffi da Sud aggirando colline e montagne
Asciugando l'umida terra ed il riccio del castagno
Facendo volare a mezz' aria   un mare di foglie
E come un mare in tempesta la sua corsa non arresta.

Ai muretti fatti a secco con i sassi
Per sostenere i gradoni sovrastanti
Raduni foglia fino colmarli
E con astuzia ciò che ammucchi lo rimuovi.

Con il tuo asfissiante vento a volte intenso
Porti ondate di foglie su altri appezzamenti
Facendole rotolando a terra, per riprender fiato
Poi di nuovo le sollevi, portandole più lontano.

LO SFASCIO FAMILIARE

Ho tanta voglia di sognare
Ma ho paura del sonno
Del soffrire nel sonno
Del non risveglio.
Anche se tante volte vorrei
Non esistere, esser presente
A scene che al mio delicato
Equilibrio mentale fanno male.
Da troppe parti mi si dice:
_Questa è la vita!
_Devi accettarla in ogni sua forma
_ In ogni sua complicanza_
Ecco quello è il momento che
Non vorrei esser vivo,
Non vorrei mai conoscerlo
Lo so: è un discorso da vigliacco.
Tra i miei personali malanni
Che mi ha scaricato addosso
Il Padreterno o chi ne fa le veci
Ha messo pure problemi familiari.
La famiglia per me è sacra,
Oggi mi accorgo che è una sciocchezza
Ognuno di noi o tira a destra
Mentre l''altro a sinistra, tutto si sfascia.
Non ho più dove aggrapparmi,
Sono un debole, non so farmi valere
Né dai figli, né da chi quaranta anni
Fa mi ha detto di amarmi.
Vorrei tanto scomparire ,svanire
Come fan le nuvole nel cielo
Magari riapparire in altro essere
In un altro contesto e continente.

SCHIAVO DI FOBIE

Mi guardo attorno, niente mi sembra aver senso
il cielo non sembra più lo stesso cielo
e non mi rincuora nemmeno una stella che brilla
lasciando che si specchi dentro i miei occhi bagnati.

In balia di un'angoscia che mi attanaglia
ignorando un angelo che potrebbe insegnarmi a volare
scrivo d'istinto ogni emozione che passa dal cuore
schiavo delle mie emozioni oramai irrazionali.

Il cuore mi porta a fare cose che vorresti evitare
perder di vista quel che dovrei vedere , ascoltare
esaudendo i desideri che il cuore mi impone
ecco! Stò facendo esattamente quello che lui vuole.

Al di là delle apparenze, al di là delle circostanze
sto facendo tutto questo per non rimorsi di coscienza
sfidando la ragione, il buon senso, che tutto va bene
di dover perdere la realtà della materia, delle cose.

Se fosse tutta questa la felicità non sono interessato
ma è il timore dell'ignoto, di aver preso un abbaglio
che mi da il terrore di quello che mi può capitare
Ma se non lo affronto non saprai mai se è un rischio.

E resto lì, titubante, guardando il blu del cielo
sperando che le mie paure siano solo mia invenzione
hai paura di sfidare la sorte, condannando l'anima a morte
senza scrupoli e senza compromettere i sentimenti.

SACRA VERITA'

Vorrei dire
Che il mio matrimonio è felice
Vorrei dire
Che tra noi c'è rispetto
Vorrei dire
 Era previsto che durasse poco
Vorrei dire
Che son felice senza dissimulare o fingere
Vorrei dire
Non fingo nè con amici nè con parenti
Vorrei dire
Noi si scherza si ride si gioca
Vorrei dire
Tra di noi non ci son nomignoli (amoruccio_ micina_ ecc)
Vorrei dire
Gli inviti ad amici e parenti sono concordati
Vorrei dire
Non abbiamo doveri concordati ma solo rispetto
Vorrei dire
Non è vero che non si litiga o discute
Vorrei dire
Che siamo felici, ma la mia ragione mi impone di tacere
Vorrei dire
Che senza verità non esiste felicità
Vorrei dire
Che l'amore si basa sul rispetto reciproco
Devo dire la verità?
Sono un bugiardo.

ROSA FUORI STAGIONE

Mai tanta ispirazione
Mi donò il cuore al sol pensiero
Di una donna piena d'amore
Che con dolci parole
Ti supplica ho voglia di amare.
Tu mia fiore, rosa in boccio
Come puoi pretendere tanto
Da un uomo arido, oramai al tramonto
Che aveva appeso il cuore a un ramo
Per asciugarlo da un passato traballante.
Or si anima ogni senso ogni istinto
Prendendo nuovo ossigeno
Il cuor si riprende come rigenerato
Dimenticando tutto il suo passato
Solo per te rosa fuori stagione.
Solo al calor dei tuoi respiri
Dei tuoi sospiri, dei tuoi rossi petali
Hai dato vita ad un   cuore sofferente
Che con l'amor aveva chiuso,
Or sento in petto un cavallo al sol pensiero.
Tu rosa rossa caliente come l'amore
Stai infuocando il mio corpo
Stai impossessandoti del mio cuor e della mente
Tu profumata rosa che spina non porta
Dimmi quale sarà la nostra meta.
Non ho più possesso del mio debole intelletto
Neppur più del corpo ho il comando,
Il cuor mi hai stravolto, turbato
Or non so quale è il ruolo nel mio corpo
Solo tu sai, mia ammaliatrice rosa fuori stagione.

ROSA DI MAGGIO

Mi fermo un attimo con il mio cuore a nord ,a te rivolto
Sento l'odore del tuo corpo dei tuoi baci   sento te
Ti assaporo come il sole sulla pelle, ti amo
Sei ovunque   io mi volti, nei pensieri , nei sogni, sei in me.
Dolce amore mio, sospiri del mio cuore
Sorgente della mia passione, calore del mio cuore
Non ho parole da donarti oltre l'amore
Ogni gesto, ogni sorriso, mi portan in paradiso.
E' li che è nato il tuo cuore per donarmi amore
Sei come lo sbocciare di una rosa, fresca, profumata
Una rosa che renderà speciale il nostro amore
Sboccerai dentro la mia anima senza mai sfiorire.
Il mio cuore le darà la linfa per farla vivere,
Sarà un'oasi   che non conoscerà mai deserto
Saranno attimi meravigliosi che una vita dureranno
Sarai la mia rosa rossa fuoco, d'amor di maggio.

ROMANTICA LUNA

Il tuo chiarore
quanti amori ha fatto sbocciare,
nelle sere d'estate davanti al mare
sei complice di tutto ciò che può accadere.
Luna non mi ingannare,
se questo è amore
fa che sia quello che dura in eterno,
non deludermi Luna.
Non deludermi
come è successo l'anno passato,
mi hai ingannato,
in una serata d' estate tra le dune.
Con il mio passato amore
facesti in modo che i nostri cuori
fremessero d' amore, giurai come adesso che
doveva essere l' amore eterno.
Finita l'estate l'amore è svanito,
Luna fa che questo sia amore,
amore che non si scioglie come neve al sole,
fa che duri oltre le stagioni.
Ogni tuo chiarore sia primaverile,
estivo ed invernale
ti prometto Luna sarò li sotto
il tuo chiarore abbracciato al mio amore.
Tra un bacio e una carezza,
tu da lassù ci illuminerai
lungo la strada della vita,
che sia piana tortuosa o in salita.
Luna solo chi è sentimentale,
sotto il tuo chiarore si può innamorare,
non importa se è estate,
inverno o primavera.
Per l'amore non c'è stagione,
serve solo il tuo romantico chiarore.

RICORDO DI TE

Faccio luce a quei giorni inaspettati
Che a dire il vero non li ho evitati
Non voglio perdermi neppure un attimo
E tornare con la mente a quei momenti irripetibili
Tra parole e sguardi venivano coinvolti i sentimenti.

Lasciando che il tempo a poco a poco sciogliesse il ghiaccio
Quando i brividi colpiscono di ardore il cuore
Mi rendo conto che non è solo un gioco è amore
Mi eccito, mi annullo, ma comincio a pensar con il cuore
Riuscendo a sfiorarmi l'anima, che non volevo liberare.

Oggi il tempo con te è tiranno, sembra non bastarmi
Aspettando di rincontrare i tuoi occhi, di baciarti
Aspetto la sera per la notte sognarti
Mi alzo la mattina cominciando a pensarti
L'orologio del tempo conta i giorni con i suoi rintocchi.

Con il cuore ansimante mi trascino fino al tuo arrivo
Tra sguardi e baci, non riesco a trattenere il mio cuore
Non posso fare a meno delle tue labbra vellutate
Mi sembra di volare tra celo e mare e prati in fiore
Mi inebrio del tuo sapore, non accorgendomi che volan le ore.

Momenti d'amore che non voglio far finire.
Tengo il tuo amore ben stretto al mio cuore
Mi fermo a pensare, gustando dei nostri attimi il sapore
Sento ancora l'eco delle tue dolci parole
In te voglio vivere e far crescere l'amore.

RICORDO DI NOTTI DI TE

Amo la notte amo sognarti e viverla con te
Amo abbracciarti, carezzarti e del mio cuore farti dono
Amo la notte perché mi porta a viverti,amarti
Amo te che sei ciò che non immaginavo di avere.
Amo la notte che ha dato voce ai nostri cuori
Amo la notte perché di notte ci siamo amati
Amo quei momenti che ancora sento sulla mia pelle
Quante volte amor mio l'alba ci ha sorpresi.
Poi come un sogno svanisci, al far   del giorno,
Amo le mie notti e ritrovar nel sogno i tuoi occhi
Poi ti dico addio ci troveremo ancora in sogno amore mio
Quante volte l'ho detto:- Resta amore ne ho bisogno.-
Resta amore il mio cuore non vuol più versare lacrime
Questo cuore che per te può cessar di vivere
Il mio cuor non si rassegna, il tuo amore cerca
Questo cuor ti cerca in ogni immagine, vuole viverti.
Un giorno questi nostri cuori avran unico battito
Il nostro amore un unico corpo, una sola mente
Le nostre bocche un solo respiro
Dammi anche tu amore il tuo benestare.
Se questo non è, dimentica il mio nome
Se questo non è, non entrar più nei miei sogni
Non farmi soffrire, già è dura vederti a ore,
Mandami un ultimo bacio, lo terrò come tuo ricordo.

RICORDI DI ATTIMI VISSUTI

Non c'è bisogno di   dir parole
Bastano i nostri sguardi   per capire
I sentimenti, l'amore, il volerci amare.
Tra noi, nuvole rosa e rose profumate,
Le prime ci fan sognare, le rose inebriano il cuore
Le nostre vite son legate da sentimenti d'amore.
I nostri sono abbracci colmi di calore
Non e solo affetto il nostro è amore
E' la congiunzione di due cuori innamorati.
Vorrei averti al mio fianco in ogni momento
Per sentire il calore del tuo corpo, d'amore
Vederti fremere sfiorando il tuo seno.
Dividere con te i momenti belli e quelli brutti
Ogni nostro ricordo fissato nelle nostre menti
Sorridendo ad ogni buffo o intrigante ricordo.
Rivivendo quei giorni d'estate afose, sudate,
Riviverli, ricordandoli, ancor desiderarli
Ritrovando quella magia che ancor ci lega.
Ci ha unito quel tribolato amore fatto di attimi
Come si può oggi dire al cuore son passati,
Se ancor sogniamo baci e d'amor fremiti

RICORDI DI GIOVENTU

All'ombra di una quercia perenne
ammiro fin dove arriva il mio sguardo.
Tutto è silenzio attorno,
solo il frusciar del maturo grano,
spinto nella ola del vento suadente dell'estate.
E' meriggio è l'ora di tornare;
ma lascia che io guardi ancor la spiga,
la farfalla, il passero che di ragnatela,
ancor prima del grano ne ha fatto boccone.
Lascia ch' io veda il mover delle fronde,
che ascolti il frusciar del grano,
il gallo in lontananza chiama:
L'ora è tarda
Lasciami al mio riposo or che raffresca!
L'idee schiarisce ricordando quello che è stato,
un amor perso, un bacio rubato.
Nel mio pensiero raffrescato
lascia che trovi il mio passato,
che rimembri le cose giuste or mai passate
e come me sono vetuste.

RICORDI DI FANCIULLO

Dorme l'anziano nonno
Davanti al crepitante camino
Con il fuoco acceso
Non dorme di sonno profondo
Sta riposando i suoi occhi
Ma attivo è il suo intelletto
Va ricordando quando era bimbo
Or che di movimento è lento
Allor correa nel campo
E nell'aia tutto a torno
Guardando la sua faccia solcata
Nel ricordo accenna un sorriso
Di un tempo passato
Bello! Spensierato!
Or che vecchio solo il caminetto
Gli rimane amico
Il ceppo nel camino scoppietta
L'incerta fiamma che avvolge il ceppo
Lancia luchie in ogni direzione
La sua fiamma e il suo calore
Riscalda il cuor del vecchio
Che sogna da piccolo in grembo
Alla sua mamma che lo sta cullando
Cantando al crepitio del caminetto
Una ninna nanna.

RESTA CON ME

Ti sei appropriata nel mio cuore
Mi hai aperto le porte per nel tuo entrare
Hai ridato la vita, ai   miei giorni.
L'anima oramai assopita, si è risvegliata
Il mio cuore riprende a battere d'amore
Da quel giorno niente è più come prima.
I miei pensieri verso te eccitano i miei sensi
I nostri gesti son fatti di baci e sfioramenti
Facendo fibrillare i cuori ed eccitar le menti.
L'emozione ad ogni tuo sguardo mi rende schiavo
Non andar via mai più da me amore
Ne morirebbe la mia anima ed il mio cuore.

RAGAZZE DI SCORTA

Belle , alte, bionde, more,
questa è la fauna femminile
che si nutre della notte,
svestite poco più che nude,
Rosea la sua pelle come le fragole.
Occhi dipinti, attenti ai più danarosi
Con tacchi alti e striscia al petto
Che da la forma al loro seno
Con gonne inesistenti e gambe e seni
Da far risuscitar i morti.
Fanno il nido in letti dorati
Divertendo i danarosi
Giocando giochi sporchi e proibiti
Sfuggan da essi dopo vari giochetti
Dopo che il sonno li ha sopraffatti.
Vaporano docce per lavar sporcizie
Dei giochetti e rapporti avuti
Oramai stanche ma traboccanti
Di denari sonanti
 Fanno ritorno alla sua branda.
Dormono sonni agitati
Ma consuman la vita tra uno
Sciok ed 'un Letto d' Albergo
Vi chiamano escort, ragazza di scorta
Vivete sognano amori sicuri un giorno.
È un sogno e tale rimane
Inizia un altro giorno,
un altro assalto un altro albergo
un'altra doccia per lavar lo sporco
questa è la realtà di ogni giorno.

QUESTO E' AMORE?

Non so se questo è amore
Vivo delle carezze che non mi fai mancare
Vivo del tuo corpo che le mie labbra assaporano
Vivo dei nostri sguardi che si incrociano
Vivo dei nostri respiri coprendo i silenzi
Vivo dei tuoi gemiti, della tua essenza.
Non so se questo è amore
Respiro la tua   vita, i fremiti del tuo corpo
Ti abbandoni ai miei vezzi
Con occhi chiusi e labbra prominenti
Mi abbracci, con le mani solchi i miei fianchi
Lasciando del tuo godere profondi solchi.
Non so se questo è amore
Ma dai tuoi affannati respiri e lunghe apnee
Ritorni a respirare   con gemiti profondi
Ti sento nella tua   dolcezza amorosa
Lasciando sgorgare la tua fontana calda
Che da un goduto piacere corrisponda.
Non so se questo è amore
Ma con altre parole non so descrivere
Questi nostri desideri che solcano i cuori
Questi nostri baci che dicon mille pensieri
Quel nostro carezzar di corpi con mani e baci
Quegli attimi d'amore che addolciscon i cuori.

QUELLI CHE

La mia generazione è di quelli che
Quelli che, un paio di pantaloni lunghi
Si rompevan sempre ai ginocchi, giù rattoppi
Quelli che, quando il maestro ti bacchettava,
Zitto tornavi a casa,se la mamma domandava come era andata
Muti come pesci, per non prenderle ancora
Quelli che, solo con la destra dovevi scrivere
Quelli che, se eri mancino, giù bacchettate alla sinistra
Quelli che, dietro la lavagna di scuola
Un posto per la punizione pronto c'era
In ginocchio con la faccia rivolta al muro
Quelli che, per andare a scuola con neve, pioggia o vento
Il pulmino di trasporto, erano le scarpe che avevi in dosso
Quelli che, al ritorno dalla scuola, in fretta mangiare
Le pecore e i suini c'erano da far pascolare
Quelli che, solo la domenica andavano al cinema
Quelli che, il regalo lo ricevevano solo per la befana
Quelli che, per andare in camera la sera,
Usavano per schiarir la strada le candela di cera
Quelli che, se una ragazza ti sorrideva, le piacevi
E potevi corteggiarla,dopo le presentazioni
Quelli che, per mettere una mano sulle spalle dell'innamorata
E dargli un bacio, dovevi andare al buio del cinema
Quelli che, an fatto il militare,insegnandoti la vita
Compresa l'obbedienza,il rispetto, da tempo perso.

PROFONDO AMORE

Sogno ad occhi aperti   l'amore che ho per lei
Sto scrivendo la passione del mio dolce amore
Scrivo su pagine già scritte di questo diario.
Tu le leggerai col cuore, tu sai cosa significa amare
Soffrire di un amore lontano e viverlo in sogno
Scrivo la storia, delle nostre anime coinvolte,stravolte.
Chi la leggerà conoscerà la nostra felicita'
A chi a cuore uscirà una lacrima a queste parole
La nostra storia è di un unico, dolce, semplice amore.
Pieno i miei giorni nei ricordi di un tenero amore
Non so descrivere il sentimento che provo per lei
Vorrei descrivere la felicita' verso lei del mio amore.
Il suo cuore dato a me è un grande dono d'amore
E' il nostro segreto, ma è un vero amore sincero
Che rende i nostri cuori felici di esser uniti, amati.
E' una gioia di adolescente che brucia dentro
E' gioia e' perder ogni riferimento è amore eterno
Quale amore può esser così   completo,così puro?
Tu sei nei miei pensieri, nel mio cuore
Ci sei nei   silenzi delle notti, ancor più forte ritorni,
La luna nelle nostre notti veglia e ci osserva, ci consola.
Ti sento dentro di me stai cercando un bacio, un abbraccio
Ancor di più ti sento or che da me sei lontana
Sono in pena, tu stai piangendo, la lontananza ci sta uccidendo.
Ma mai da questo amore ci allontaneremo, ci divideremo
Tu sei la mia vita, io il tuo respiro, mai   ci lasceremo
Tu sei il mio soffio di vento che mi   dà ossigeno.

PRIMAVERA:

La primavera mi coglie di sorpresa
Come gli occhi di bimbo,
Mi incanto a guardare
Con occhi sbarrati le meraviglie della natura.
Colline e terre pianeggianti,
 Verdeggianti di prati,
Terre immerse in un mare di verde
Con papaveri e fiori di mille colori.
Giù in fondo alla vallata
 immersa tra le erbe,
Ti vedo sinuosa ondeggiare,
Spinta da venti diversi ti fai cullare.
La tua chioma di fresca foglia
Il tuo esile tronco
Ti raffiguro giovane alborella
Al sensuale camminar di donna .
Ti vedo mia piantina come una bimba in pericolo
Nel verde mare di erbe immersa,
Sembra tu chieda aiuto,
E come un eroe ti vengo a salvare.
Come è bello! Questo verde mare
Che si incurva ai venti primaverili
Come è fresco il tuo letto,
Profumato di erbe, mille fiori, colori.
Come è bello farsi cullare, accarezzare
Nel suo letto mi addormento,
Cullato dai tuoi steli, di erbe
E fiori di mille colori e dal vento.
Sogno di quand'ero bambino,
Mi incantavo a guardare, correre,
Cavalcando prati e grani
Come fossero cavalli impazziti.

PORTAMI NEL TUO MONDO

Sulle tue labbra il miele, fuoco nelle tue vene
Nei tuoi sguardi vogliosi d 'amore
Il tuo sguardo infiamma il mio corpo
I tuoi baci annebbian la mente.

Mi accendi l'anima e il cuor fai galoppare
Della passione sei la sorgente naturale
Splendido angelo del mondo astrale
Mi porti nel cielo, tra le stelle a brillare.

Tu desiderio di un mondo di fiaba
Che sfiorando con mano il tuo corpo si avvera
Scalerei il cielo per amarti ogni giorno della mia vita
Mentre le tue labbra accarezzano i miei pensieri.

Tu splendida fata sei la causa di un'emozione
Che cresce nell'anima corrompendo il cuore
Senza timore mi fai prigioniero del tuo amore
Con ali spiegate, mi avvolgi con il tuo calore.

Stringendomi al tuo corpo sento che tremi
Son fremiti d'amore mentre stretto mi tieni
Nell' oblio del piacere più sublime mi perdo
per poi ritrovarmi amore, nel tuo cielo a brillare.

POETANDOTI

S'io fossi un poeta, un cantastorie
Saprei come osannarti, come dipingerti
Come   un pittore ti decanterei con il colore
Per te narrando una poesia d'amore.

Direi con parole dal cuor dettate e su foglio bianco scritte
La tua candida bellezza di rose e di camelie
Espandendo al tuo passaggio   tutt'intorno
Profumo   inebriante, che il cuor confonde.

Per descrivere la passione che nell'amor tu susciti
Turbando menti e anime lasciando cuori infranti
Vorrei bere di te sangue caldo, dolce
Per aver dentro di me una tua parte.

La penna che   sulla carta di te narra aggiunge parole
Scritte con rabbia e desiderio di aver da te amore
Tracciando solchi che dall'anima arrivano al cuore
La tua rosa contiene amore ma lascia ferite con le sue spine.

Tu   una farfalla di intenso colore che non trova pace
Or ti libri in aria, poi ti posi ad assaporare un nuovo fiore
Un attimo prima arido stelo, poi ricco di nettare ti fa dono
Ancor ti vedo mio dolce sogno accarezzare altro cuore.

Or che poetando a te dedico il mio cuore ed il mio pianto
Muovi le tue ali ed a me vieni a compassione
Quale farfalla, ma quale fiore, sei senza anima , senza cuore
Mi accorgo nel poetare di aver messo poche parole e sbiadito
colore.

POETA

Questo chiedo che venga scritto
Sulla mia tomba
Al momento della dipartita.

Qui giace colui che
Riteneva di esser poeta
Che nessuno o quasi conosceva.

Ma la terra arsa e dura
Di questo cimitero di paese
L'ha degnato dell'eterno riposo.

Sulla tomba spoglia di fiore
Senza rime sono incise
Poche parole.

Tu che hai vissuto vita normale
Volevi esser un poeta da ricordare
Invece sei morto senza glorie.

POESIA INFINITA

Voglio illustrarvi con voce appagata
Una strana nota che al cuore è grata
Sempre all'amore richiama anche se inascoltata
E sulle coscienze echeggia stonata.

Molte strade e parole diverse il poeta percorre
Pur restando alla rima o poema fedele
Spazi nuovi e luoghi percorre con occhio incline
Aspettando che la mente sforni nuove emozioni.

Vaga con mente di bimbo per mondi fantasiosi
Proponendo amori di oggi e d'altri tempi
Ma strade infide il poeta percorre
Perdendo il filo di un amor che sfugge.

Con turpiloqui riconosce intrighi e malafede
Meglio sarebbe che il poeta sol di se parlasse
Ma lui con l'occhio ed il cuore esprime parole
E se con pena, oppur   noia o fatica, lui cerca un'uscita.

A chi giova il poeta, quell'umano che storie racconta
Quel poeta che nulla guadagna e si danna la vita
Quell'essere che racconta di amori traditi
Di uomini soli, perdendo la dignità di se stesso.

PIO

Ti ho allevato come un figlio
Stando attento ad ogni tuo pio, pio
Sei nato da una covata di diciotto uova
Solo tu sei uscito dal guscio.

Sei nato da una madre snaturata
Più di una volta ha abbandonato la covata
Facendo morire i tuoi fratelli dentro l'uovo
Solo tu hai fatto capolino e ti sei salvato.

Sei nato forte, hai preso tutte le coccole,
Ti ho insegnato a prender vermi
O piccoli insetti tra le erbe, curiosando
Tra le mie mani per beccare dei semi.

Mi seguivi in ogni mio movimento,
Seguivi come un'ombra i miei passi
Aspettando che ti dessi il mangiare
Altri vermi, sei cresciuto oramai pollo.

Oramai sei indipendente e un po' ombroso
Più non ti fai accarezzare o prendere
Sei diventato tondo come una palla,
Le tue gambe son diventate arcuate.

Mangi tutto ciò che ti passa vicino,
Mosche, lombrichi, farfalle e grilli,
Oltre che granaglie, mangi e rimangi,
ora dimmi Pio: come faccio a mangiarti io?

PERDONAMI SE TI AMO

Perdonami se il mio cuor solo te vuole amare
Perdonami se ti ho portato nel mio mondo d'amore
Perdonami se ti ho regalato   un posto nel mio cuore
Perdonami se ti dico amor con te voglio stare.

Perdonami se   ti dico amore mio con te sono felice
Perdonami se di te mi sono innamorato follemente
Perdonami se ti perdi nei miei occhi azzurri
Perdonami se ti dico ti amo, fino la fine dei miei giorni.

Perdonami se quando mi dici ti amo, io ti dico ti adoro
Perdonami se ti dico   sei il mio sogno di ogni giorno
Perdonami se ti ho detto sei l'unico mio amore al mondo
Perdonami se ti amo, se ti adoro, se ogni tuo bacio è un sogno.

PER SEMPRE SOLDATO

Non consola il genitore
Veder un figlio morto
Per una stupida missione
Per portar pace a chi non vuole.

Non consola il discorso del presidente
Non consolano le lacrime delle madri,
Delle vedove, dei compagni
Per far pace tra i popoli servon fiori.

Nella tua bara ,soldato, sei a riposo
La tua mamma ed il papà
Per far la guerra non ti han allevato,
Ora piangono un figlio ammazzato.

La morte non lo sa che eri un eroe,
Che eri la per la pace per la dignità
Quella dignità di ogni uomo libero,
Ti hanno ucciso, e con te la libertà.

La morte non guarda nessuno in volto
Non vede che eri solo un ragazzo
visto dagli occhi di tua madre
Ma un uomo, un soldato per lo stato.

Ci sarà dolore per la tua famiglia
Un fratello, un genitore, una moglie
ci saranno   figli, ci sarà dolore
Ma sei un numero, lo devi accettare.

Ma lassù, c'è un posto agli eroi riservato
Vai eroe raggiungi i tuoi e i miei amici
Sei partito da uomo libero e sei morto soldato
Per te c'è una medaglia, ma non ti riporta in vita.

PER SEMPRE AMORE

Ho provato a dimenticarti ma l'amore e' amore
Ho provato, ma i tuoi ricordi non mi lasciano mai
Ho provato a dimenticarti, ma e' come morire
So che da questo amore non potrò guarire
Al sol pensare di te al nostro amore mi fa star male
Dimenticarti, amore mio non è possibile.
Ho nostalgia di ogni giorno che senza te passa
Il mio amore ogni giorno si moltiplica
Aspetta con impazienza il momento del tuo arrivo
Ti stringerò al petto tra le braccia ti darò un bacio
Poi un altro, ancora un altro, ancora altri cento
Ancora sentirò il profumo dei tuoi baci del tuo corpo.
Il tuo corpo mi inebrierà i sensi,fino a perdere il controllo
E la mia nostalgia finchè sarai con me sarà un ricordo
Che senso ha la vita senza la tua presenza,il tuo amore
Ti dico solo mi piaci, ti voglio, ti amo, amore mio
La vita ci appartiene sfruttiamo il nostro amore
Niente è per sempre, ma tu per sempre amore.

PENTIMENTI

Chiedo perdono a tutti
Per quello che mi capita
E mi è capitato
Di non esser molto attento
Alle necessità del momento.
Chiedo scusa se tante volte sbaglio
Passando da un discorso serio
A fare un discorso da pagliaccio
Mi perdoni pure il tempo
Che lo sto sprecando.
Perdendo così il momento, l'attimo
Di ricordare qualche vecchio amore
Ma no, non voglio ricordare
Troppo tempo è passato a che serve
Voglio solo coltivare l'' amore presente.
Mi perdoni la speranza
Tanto agognata e braccata
Se ora di lei rido
Nulla di buono mi ha portato
Solo dolore aggiunto ad altro.
Chiedo perdono all'albero di ciliegio
Per un mio vezzo si è seccato
Chiedo scusa al merlo non ha
Più l'albero dove faceva il nido
Chiedo perdono agli altri per me stesso.
Chiedo scusa se tutti non posso soddisfare
Chiedo venia per aver scritto
Queste parole, per me aspre, amare
So che finchè avrò vita non saprò
Giustificare alcune azioni.

PENSIERO DI GIOVANI AMORI

Silenzi colmi di tante parole non dette,
mute parole che risuonano nella mia mente
verità cercate invano nell'anima e nel mio cuore,
parleranno le miei emozioni del mio dolore.

Assordanti silenzi chiudon la bocca al mio cuore
si apre la mente a cercare trascorsi di vita vissuta
lasciati lì nei meandri dei ricordi di beata vita goduta
di attenzioni verso bollenti cuori desiderosi d'amore.

Pensieri che rivivo come se l'accaduto fosse ieri
come se il vento le trasportasse nei miei pensieri,
baci rubati a un tenero amore di tempi passati,
dalle dolcezze di due cuori amati, amori non scordati.

Silenzi che lasciano nella mente, nella bocca l'amaro
piccoli gesti incompiuti, silenzi ascoltati dalla mia anima
sussurrati   dal fiore di un cuore ancora da sbocciare
palpiti, riflessioni, lascio che tu sia l'unica presenza in me.

PENSIERI

Nei mio cuore c'è la felicità dei tuoi occhi
Nella profondità della mia anima c'è la tua immersa,
Il calore del tuo amore da forza ai mie giorni
La tua mano mi carezza dando certezze al mio domani
la tua bocca tranquillizza la mia vita incerta.
Ogni mio attimo di te è fatto, ti penso, ti respiro
Penso alle tue dolci parole d'amore
Ma l'amore non vuole capire,che non sei presente,
Ti vorrei amare ma sei lontano e il mio cuore è ferito
Sono triste ma so che a me pensi che il mio cuore cerchi .

PENSIERI SCRITTI

Non era previsto nel mio pensare
Che come un ragazzo mi dovessi innamorare
Di un frutto proibito, un frutto speciale.
Tutto è iniziato come un gioco
Tutto pareva fuor che amore
Ma ogni giorno sempre più forte batteva il cuore.
Poi un giorno mi son reso conto
Che oltre il battito generava calore
Quel calore generato da un cuore innamorato.
Io mi accorgo di non aver più controllo
Il mio corpo non obbedisce più al mio comando
È un colpo di stato ordito dal cuore e intelletto.
Lei è bella! Troppo bella, lei è da amare
Troppo amore,lei è dolce, troppo dolce
Non ho aggettivo per definire il suo amore.
Sei una stella che brilla nella mia vita
Sei la mia luna che illumina la mia strada
Sei il mio sole che mi avvolge di calore.
Sei la mia farfalla che a te conduce
Sei il mio grillo chiacchierone
Che mi stordisce con dolci parole d'amore.
Sei il mio letto che mi accoglie
Sei il mio materasso che mi avvolge
Il mio cuscino che mi bacia , mi sostiene.
Sei il mio dolce che sfama il cuore
Il peperoncino che stimola i miei istinti
Il libro che illumina la mia mente.
Mai tanto amore ho dato e ricevuto
Mai tanta bellezza ho visto in un corpo
Mai tanto ardore ho ricevuto in amore.
Sei un vulcano in eruzione
Dai tuoi baci mai vorrei fuggire
Nelle tue fiamme mi vorrei gettare.

PENSIERI D'AMORE

Sento il dolore affliggermi il petto
lo sento si posa di netto sul cuore
su un desiderio che si chiama amore.

Sentirti nella mente e nell'anima
di te il desiderio riempire la mente,
mentre ascolto il cuore dolente.

Sentir il pensiero che scende dalla mente
sentire ogni tua parola che alla bocca scende
senza lasciar dubbio alcuno, il cuor non mente.

Sentire il rumore del battito del cuore che chiama
sentirlo nel vento, nel sole, sentirlo nell'aria
urlare ad ogni battito del suo pulsare, torna amore.

Nella consapevolezza non dispero, ti avrò, lo giuro
mai mi son accontentato di un amore ad ore
di amarti non voglio smettere mai, lo dico al mio cuore.

Sentirai brividi lungo il corpo scorrere, quello è il mio amore
sentirai i sentimenti che arrivano dritti   al cuore
sentirli salire ad ogni mio pensiero un ricordo d'amore.

PASSIONE

Avvolti da fremiti che percorron il corpo
Nel desiderio che travolge cuori e menti
Le mani che cercan consensi
Su morbidi ed invitanti promontori
La bocca mia, che la tua cerca .
Stringersi in un voluttuoso abbraccio
Possederti senza ritegno
Cogliere insieme l'attimo del piacere estremo
Un fremito di piacere ci coglie
Mentre entriamo nel paradiso del godimento.
Uniti, in un unico corpo
Negli umori, nei sapori, che l'amor ci ha riservato
Stremati, nel lungo coito da piacere infinito,
Ti dono il mio lungo bacio
Che tu ricambi con tanti bacetti, dicendo:- Amor ti amo-.

PAROLE D'AMORE

Mai tanto fu ingordo un cuor di donna
Di   baci ,tenere carezze
Né di dolci parole d'amore
Sussulta, sospira, freme il suo corpo
Alle sol sussurrate parole
Ti amo   mio dolce amore.
Ti amo del mio amor non dubitare
Ti amo ladra della mia anima
Ti amo ladra del mio cuore
Ti amo senza te non posso vivere
Ti amo mia rosa rossa senza spine
Ti amo mio dolce e tenero amore.
Ti amo sotto le lenzuola di seta
Ti amo fonte d'amore che disseta
Ti amo nelle mie giornate che mai passano
Ti amo sei dell'amore il desiderio
Ti amo vivendo delle tue labbra che bacio
Ti amo sognando di un letto di noi bagnato.
Ti amo per le tue gelosie eccessive
Ti amo perché è bello con te far l'amore
Ti amo per il tuo corpo vellutato, profumato
Ti amo per non far morire il mio cuore
Ti amo perché senza te non esiste l'amore
Ti amo mio delicato e profumato fiore.

PAROLE D'AMORE

Ho   voglia d'amare
E non ho voglia nemmeno di mangiare
Sto a pensare te tutto il giorno,
Tutto il resto non conta
E' solo un contorno superfluo.
Per me,
Figlio ormai del tuo incantesimo
Che si chiama amore
Prendimi per mano more
Portami lontano verso il sole.
Fammi assaporare il tuo amore
Ed io ti farò sognare con il mio cuore
Forse moriremo di troppo amore,
Forse vivremo per soddisfare i nostri cuori,
Forse   vivremo in eterno di solo amore.
Io con te sto bene, con te rivivo altra vita
Ma sento un turbine dentro il mio corpo
Che urla, mettendo la mia vita a soqquadro
IL cuore mi dice:- Dalle tutto l'amore-
E' solo un pensiero del cuore che mi distrugge.
Non struggerti per me amore,
Potrebbe arrecarti dolore
Oh! Mio dolce amore
Entra in me abbandonati all'amore
Tutto il resto lo vivremo vivendo.
Tra le mie braccia troverai rifugio e protezione
Ti accarezzerò i capelli , ti bacerò sulle labbra
Basta che tu da me via non vada
Una giornata assieme vissuta con te,
Abbracciati così stretti vale la vita.
Mentre il Sole ci scalda
Da una nottata   tormentata
Noi inerti e stanchi siamo qui a guardarci
Baciarci, parlarci, fissandoci negli occhi
A vocalizzare dolci parole sul nostro amore.

OLTRE LA VITA

Tu amore, amore ,amore
Tu mi stai conducendo oltre il vivere
Mi hai preso per mano, stiamo volando
Oltre le nuvole, oltre la luna, verso il sole.
Con te vedo mondi nuovi fatti di amore
Dove esistono immense pianure, colline fiorite
Mi tieni stretta la mano assieme d'amore fremiamo
Mi rincuori dicendomi:-Amore siamo in paradiso-
Io qui con te voglio vivere
Mi baci, mi stringi, mi fai dono d'amore
Come sei bella in questo mondo fiorito
E tu mi ricordi che siamo alle porte del paradiso.
Si, è il nostro paradiso mio dolce amore,
Senza paure, nè preoccupazioni ,nè sguardi indiscreti
Si io qui voglio viver con te mio amore
Mi guardi con i tuoi occhi scuri, mi sorridi.
Mi dici:- Amore anch'io qui con te voglio vivere
-Con te questo amore voglio godere
-Tra svolazzanti farfalle e prati in fiore-
Pure la tua farfalla freme il volo vuol prendere.
Or qui sian soli tra canti di grilli e usignoli
Sdraiata a terra ai miei baci ti abbandoni
In un tappeto di verde prato e rossi tulipani
Mi accingo a cogliere la rosa più ambita del prato.
Ooooh quanto ti amo, oooh quanto ho bramato
Di coglier quel fiore desiderato, proibito,
Mi chiudi la bocca con un bacio
Io altro non cerco che il tuo consenso.
Sei bella mia amata,
Sei una stella su di un prato caduta
Ancor mi taci riempiendo la mia bocca di baci
Quanto amore in quel prato con te fiore vellutato.

OGNI VOLTA

Ogni volta che ti ho vicino   non vorrei più lasciarti andare
Ogni volta è un po' morire   amor se non ti ho accanto
Ogni volta che ti guardo   vedo i tuoi occhi di gatto.
Ogni volta è un po' morire   amor mio se non ti ho accanto
Ogni volta che mi parli   guardo la tua bocca e ti dono un bacio
Ogni volta è un po' morire   mio dolce amore se non ci sei.
Ogni volta che mi tocchi   sento le tue mani che mi carezzano
Ogni volta è un po' morire   pensando che mi mancherà quel brivido
Ogni volta che mi baci   il cuor si scioglie al tuo amore.
Ogni volta è un po' morire   pensando che non ho il tuo calore
Ogni volta che mi hai dentro mi sussurri dolci parole d'amore
Ogni volta che vai via è un po' morire ma il cuor mi dice che tornerai.

OGNI MOMENTO

Ogni momento che non passo con te
E' un bacio un abbraccio che ho perduto,
Anche se è breve sembra   infinito.
Per tutto il tempo che manchi da me
Sono alla ricerca dei ricordi importanti
Per ritrovare i momenti più belli.
Ogni istante che non passo con te
E' come aver le ali e non saper volare
Il tempo che scorre sembra non passare.
Ore e giorni vuoti, senza il mio amore
Come una barca in secca, un'avaria
Testa pesante, senza altro pensiero esistente.
Ogni momento che non passo con te
Il mio pensare a te è rivolto mio amore
Mi chiedo dove sei, che cosa farai.
Ogni momento che non passo con te
Mi chiedo starà bene, a me penserà mai?
Amore, la lontananza dal cuor non aiuta.
Ogni momento che non passo con te
Gira tutto alla rinfusa, confusamente
Mi ritrovo a far i conti con la mente.
Ogni momento che non passo con te
Misuro il mio soffrire, il mio grande Amore
Quel l'amore che è scolpito nel mio cuore.
Ogni momento che non passo con te
Sembra una punizione inflitta al mio cuore
Come una punizione inflitta al nostro amore.
Ogni momento che non passo con te
Mi sento come un fiore che è stato reciso
Vivo nell'attesa di un tuo ritorno.
Ogni momento che non passo con te
Vivo di ricordi romantici e amorevoli baci
Che tu amor mio mai mi lesinasti.

OGNI ATTIMO E' PER TE

Sento ogni giorno la tua mancanza salire
Sento il mio cuore pieno di ansia, di dolore
Sento quel desiderio di te   mai spento.

Sento il desiderio di un bacio sfiorato
Sento di te riempirmi   la mente
Cercando di placare l'anima dolente.

Sento di te il desiderio che sale
Sento l'amore, che cerca il tuo cuore
Sento il mio cuore arrendersi al tuo amore.

Sulla mia pelle al sol pensare al tuo corpo
In quei momenti di atti intimi vissuti
Con la mente sognante mi fisso a guardarti.

Sentir salire ad ogni mio sguardo il desiderio
Con gli occhi socchiusi e la mente sognante
Non puoi capire quanto il mio amore sia grande.

Grande è il   desiderio di darti il mio amore
Sentir salire un brivido caldo dall'anima al cuore
Cercando di metter la voglia di amarti a tacere

NUOVA VITA

Nel percorso della vita incontriamo migliaia di volti,
volti di persone senza nome, conoscenti senza nome,
volti che parlano ma tu non ascolti, ti sono indifferenti,
tra questi volti all'improvviso ti appare un angelo,
un volto mai visto, ma molte volte ti è venuto in sogno
quel sogno che vorresti rivivere, conoscere il suo nome.

Cerchi fra le persone indifferenti il suo sguardo,
il suo dolce viso che non ti è indifferente ,
quegli occhi che ti penetrano, rendendoti l'anima fragile
quello sguardo accattivante che t'incanta, ti fa sospirare
rendendoti incapace di connettere, di gestire il cuore
quel volto rassicurante ti fa dire:- Tu sei l'amore-.

Mi affascina la sua figura che vedo come persona,
capelli lunghi , occhi scuri, un sorriso che mi rasserena,
quando sembra che il mondo mi cada addosso,
quando mi sono assopito, quando tutte le armi avevo riposto
basta un sorriso di un angelo biondo e il cuor s'è desto
dimenticando ogni mia pena ritorno a un nuovo mondo.

L'intero vecchio mondo scompare, apparendo un nuovo sole,
ogni mio cruccio lo getto a mare, ritornando il buonumore
per ore ascolterei la tua voce, per anni coltiverei il tuo cuore
per la vita ti donerei ciò che mi rimane dell'amore
ti cullerei con amore per intere giornate,
ti bacerei sulle labbra di piacere assetate.

Questa volta l'amor non mi sfugge, mi basta seguire il cuore,
oppur seguire il profumo della tua pelle che sa d'amore
ora che ho trovato l'altra metà della mia vita, ti terrò stretta
con la mia vita la tua metà è la parte che si completa,
ti amerò sempre angelo biondo dal lungo capello,
ti porterò con me, vivremo nel mio nuovo mondo.

NOTTI

E' sera! Il ciel si oscura e tinge la notte
scende improvvisa una coltre nera
sui tetti, fra gli alberi e le case
Timide luci il cielo mostra distanti.

Si accendono i lampioni nelle vie
si illuminan le finestre delle case
un bagliore di migliaia di luci soffuse
Che indican punti dell'uomo la dimora.

Avanza la notte nel freddo senza un riparo
manto nero che copre il bosco e il prato
alleviando con il riposo le fatiche dell'uomo
il bimbo passa dal gioco al riposo del sonno.

E il sonno allevia pensieri ed è di ristoro
se nel cuore e nell'animo non v'è pena
ne odio o rancori, che covan nascosti
riposan tranquilli tutte le anime viventi.

Notte bianca , senza chiuder occhi per i sofferenti
nei corpi ammalati o nelle fragili menti
ogni rintocco delle mezze ore, che sembran secoli
batte a martello sulle anime che veglian le notti.

Possa la notte venire serena a coprir dei bimbi i culetti
e carezzare e distendere le fronti, dei cuori infranti
e venga gentile il chiuder gli occhi per un nuovo sogno
come gentili sian i risvegli, riaprire gli occhi al nuovo giorno.

NOI DUE NELL'UNIVERSO

Il tuo sorriso la gioia nei tuoi occhi,
Un tuo abbraccio, un tenero bacio
Il dono più prezioso, il tuo corpo
Per questo tuo dono io ti donerò l'amore.
Ti donerò la mia vita
Tu sei la speranza di una gioventù perduta
Tu che mi fai godere giorno dopo giorno
Come sempre occupi la mia   mente.
Vorrei volare   da te, mentre ancora dormi
Avvicinarmi al tuo letto
Ammirare   il tuo dolce viso che riposa, darti un bacio
Si ti sveglierei con un bacio e riceverei un tuo sorriso.
Bacio ancora le tue morbide labbra
Apri gli occhi ed un sorriso accompagna il tuo ti amo
Io ho voglia con te di trascorrere tutto il giorno
Non ho progetti, ti voglio solo amare quest'oggi .
Tu amore da me distante
Come fossi dall'altra parte della luna
Eppur sian così vicini amore mi manchi,
Solo al telefono del nostro amore ci dissetiamo.
La tua voce il tuo cuore a me dice dolci parole
Dando un senso a tutto il nostro amore
Sei la luce, la melodia   del mio cuore
Ogni parola detta tra   noi parla d'amore.

MOMENTI DI TRISTEZZA

Momenti di tristezza la mia vita accarezza
Trafiggendo il mio cuore
Pensando solo a te mio dolce amore,
Passano lenti i giorni, come non avessero fine.
Attimi di silenzi avvolgono la mia mente
Che da te mi separano, sembrano eterni,
Cala un velo di tristezza nella mia mente
Ti aspetterò   fino a morire dentro.
Così mi sento, or che ti   odo lontano
Sei con me e in tutti i miei pensieri
Non riesco a liberarmi dei tuoi ricordi
Hai rinchiuso in gabbia la mia anima.
Hai rapito il mio cuore e legato a catena
Il nodo non so sciogliere è una pena
Questo vivere è non vivere, amore
Vorrei fossi qui, vorrei poterti amare.
Mi feriscono le catene, sanguina il cuore
Lasciando profonde cicatrici
Solo il tuo   amore le può guarire
Ricoprendo le ferite con la passione e l'amore.

MI MANCHI COME IL SOLE

Ti cerco nei miei pensieri, nel mio cuore
quando il sole dorme, nell'oscurità della notte,
la luna del cielo padrona, di stelle si corona.

Ti cerco in ogni punto della stanza
ancor   ora che da me sei lontana
questa lontananza mi conduce alla pazzia.

Tu sei la mia zattera nel mare agitato dall'amore
basta un soffio di vento per far traballare il cuore
mi dai briciole con questo amore e tanto dolore.

Queste parole le dico con il pensiero a te rivolto
in questi giorni scuri e senza sole e notti struggenti
sognando   di giorni felici e notti suadenti.

MENTI E CUORI SCONVOLTI

Cerco di non pensare a te
Ma sei sempre nella mia mente
Sei tu che la mia mente assale
Sei tu che hai sconvolto il mio cuore
Sei tu la colpevole del mio pensare.
Come un bambino che il giocattolo
Gli vien sottratto, io solo a te penso
Solo per te il mio cuor sta soffrendo
Solo di te la mia mente si sta occupando
Solo per te il mio io ha attenzioni.
Sto vagando irrequieto
Sto guardando dove ti ho nascosto
Sto cercando di trovar un equilibrio
Sto impazzendo, ogni minuto è un anno
Senza te accanto mi crolla il mondo.
Senza meta ne pace sto vagando
Cercando di persuader il mio intelletto
Cercando di non far pianger il cuore
Cercando riparo dietro un libro
Cercando di non pensar, ma tutto è amore.
Voglio scrivere per distrar la mente
Mai lei mi ha tradito, adesso lo sta facendo
Mai il mio cuore si è tirato in dietro
Mai potrò dimenticarti senza dolore
Mai una poesia potrà non contener amore.
Cerco di non pensarti amore mio dolce
Come farò a farlo sei nel mio cuore
Come farò a supplicarti di non amarmi
Come farò se mi lascerai non morire
Come farò se continuerò ad amarti.

MARE   TRADITORE

Coltivo il silenzio di un cuore infranto
Ascoltando il rumore del mare che l'onda infrange
Arrivando   leggera   sfiorando la riva.
Eccomi di nuovo solo con la mia nostalgia
A piangere su un mare già pieno,
Un mare che dà consigli, un mare di silenzi.
La mia ombra sotto la luna si allunga
Nel silenzio solo della rumoreggiante onda
I miei pensieri   prendono forma.
Mentre la luna con il mare gioca
Creando   giochi di luce e di colori lucenti,
Come una dea, dal mare mi appari.
Acqua increspata che ti solleva,
Cielo stellato che abbuia oscurando la luna
Mi appari vestita   di pelle di luna.
Mi abbracci, mi baci, carezzi, scompari
ritorno in solitudine con i miei pensieri
Nel fondo del mare vorrei lanciare il mio cuore.

MARE MAREMMA

Mare, mare, maremma,
colui che ti descrisse perse la penna,
il tuo caldo sole le facce colora, mare maremma,
nelle tue calde estati come sei bella.

I raggi del tuo sole il grano indora,
aspettando la mietitura,
sempre meno semina e campi incolti vedo
oramai giunta alla fine di un' epoca, di un ciclo.

A mezza estate il tuo sole d'oro
dove eran grani, maturan barbabietole e pomodoro
questa è da tempo la tua nuova coltura.

Mare, mare maremma ieri tribolata, oggi bella
la zanzara tigre una nuova razza, la notte fa la sua danza
succhiando il sangue per pienarsi   la panza.

Mare maremma nei secoli passati la malaria
i tuoi popoli dei villaggi li ha decimati
quei pochi rimasti tra malattie ed acquitrini sono scappati.

Un tempo le tue terre solo paludi,
costretti a costruir villaggi su dei dirupi
oggi terre fertili per grani, son diventate quasi inutili.

Mare maremma i tuoi autunni portan allegria tra i vitigni
da   vigne immense a perder occhio e forti vini   neri
sottraendoti terre e poderi per far vigne anche gli stranieri.

I tuoi inverni mare maremma son miti e soleggiati
spuntando dai campi lavorati grani, quei pochi seminati
nelle tue stalle un giorno piene oggi ridotte a pochi capi.

Mare maremma ,le tue primavere, son di fiori pieni i campi
mentre le erbe verdeggianti li rendono eleganti

come quadri dipinti gli ulivi ai lati le fan da cornici.

Mare maremma, per descriverti non ho più penna,
l'uccello che ci andò perse la piuma, mare maremma
fa che l'umano non abbandoni la tua terra.

L' ITALIA CHE TREMA

Terra d'Italia
Terra di Romagna,
quanta gente hai fatto piangere,
quante vite spezzate.

Quante famiglie rovinate
da lutti e disastri.

Terra nostra
ora basta
non tremare oltre,
pensa alla tua gente;
che si trova in ginocchio
per un tuo capriccio.

Gente che non si arrende,
non si da pervinta,
lavorando alacremente
cercando di tornare
ad una vita normale.

Terra nostra
gli hai tolto tutto,
fuorchè l'onore.

Terra
Terra di Romagna
loro voglian pace
la pace non puoi negare.

LETTERA D'AMORE

Sto vivendo magnifiche emozioni
Scrivendo ogni giorno le mie parole per te
Ricordi di momenti fantastici, indimenticabili.
Istanti con te passati, immagini che rivivo
Foto nella mente e nell' anima scolpite
Ogni mio pensiero a te rivolto è un ricordo.
Tengo tra le mani stretto in mio cuore
Perché ogni pensiero, o briciola non possa uscire
Ogni ricordo che a te conduce per i miei occhi è luce.
Sei la mia nostalgia, la mia tristezza, l'allegria
La mia dolcezza il mio amore, l' anima mia
La mia vita, la mia   musa, la mia poesia.
La voce del mio cuore ti narra di tanto amore
Ti parla delle gioie delle nostre vite
Quelle parole che io a voce non ti so esprimere.
Una parte del mio cuore ti porta   nell'oblio
Mentre l'altra metà ti parla solo d'amore
Sei parte del mio vivere, del mio pensare.
Vorrei per l'eterno ricordare il tuo volto
Il tuo amore , la dolcezza che non mi fai mancare
Ma per averti amore dovrò solo sognare.
Amore mio so che ci sei e questo mi basta,
Grazie dolce amore di esser nella mia vita
Mi manchi, queste parole dono al tuo cuore .

LE TUE STAGIONI

Ho visto tramontare il sole ed il cielo impallidire
Ho guardato l'orizzonte
Pensando a te, alla tua immagine
Che alla vista tra il rossor del tramonto appare.
Nel cielo ho visto nubi, soffici e delicate
Par che cavalchino pianeti, costellazioni
Che cerchino di porta via da te le mie attenzioni
Ogni stagione ha i suoi sogni, te tutte le rappresenti.
Fermo in quel gradino della scala
A te penso, sogno, ricordo di un bacio rubato
Forse concesso o da te desiderato
Scorron le nubi in cielo, in un tramonto infuocato.
Tu amore queste bellezze non le puoi godere
Come camminare scalzi per i verdi prati
Colmi di fiori di tutti i colori   profumati
Io di te ricordo il dono più bello, quello di amare.

L'ANIMA E' LA VITA

L'Anima che nella vita è
Nostra compagna, amica
Ogni tanto si prende riposo.

Giorno dopo giorno con noi passato
L'Anima nei primi anni dell'infanzia,
E della vecchiaia è presente, è attenta.

L'Anima non è la tua schiava
È il nostro corpo a lei servitore
Nel renderla il più possibile serena.

Oltre seguirti ogni istante è pronta
A darti delle dritte e giuste parole
Non ti da certo mano nel tuo lavoro.

L'Anima preferisce esser tranquilla,
Ama la pace e poche chiacchiere
Il silenzio la fa star bene.

L'Anima ti segue nella gioia e
Nella tristezza, nel dolore, nel piacere
A volte è severa, a volte è condiscendente.

L'Anima a noi serve per la vita
Ma quando anch'essa è stanca
La vita tua si porta.

L'Anima che abbandona la vita
Vola via, verso la sua meta
Per rigenerarsi con una nuova vita.

L'ALIENA ANIMA

Fin dall'albore della vita
ogni essere umano
ha la sua strada disegnata.
Questa può esser piana,
in discesa o salita.
L'anima che alla nascita
di un essere vivente viene inviata,
come un computer agisce,
segue la sua programmazione.
Se tutto questo si potesse leggere,
ognuno saprebbe la sua destinazione.
Ma la mente dell'essere umano,
nella memoria dell'anima non può entrare.
Mentre l'anima ha accesso a tutto il corpo,
compresa la stessa mente,
la può modellare a suo piacere,
nelle reazioni, nei modi di fare,
di agire, fino la stessa distruzione
delle umane persone.

LA VIA DELL'AMORE

Bimba, c'è una strada che porta all'amore
se cerchi nel tuo cuore la puoi trovare
puoi trovare la strada del bene
puoi trovare la strada del male,
nel cuore c'è solo una strada che porta all'amore.

Bimba mia è la tua ora, non aspettare
con il tempo si indurisce il cuore
chiudendo la via all'amore
nei tuoi occhi l'amore vedo passare
non fermarlo; la strada del cuore non bloccare.

Chiedi, chiedi molto all'amore,
chiedi sempre all'amore
vedrai la strada del cuore sempre in fiore,
sarà fiorita e profumata di rose e viole
nel tuo cuore ci sarà sempre il sole.

Bimba apri quella strada nel tuo cuore,
quella strada che porta all'amore,
sentirai nel tuo stomaco lo svolazzio di mille farfalle
e nella testa gli uccellini cinguettare.

Bimba quello è amore , non è un errore,
non chiudere la strada dell'amore
che arriva dritta al tuo cuore
bimba vivi la tua età , vivi è arrivato l'amore.

LA NOSTRA STAGIONE

Voglio rappresentarmi come una stagione
Mi vedo come l'autunno che sta entrando
Ci stiamo incamminando su un sentiero
Non sono i soliti viali alberati tutti allineati.
Nel mio pensare del momento della vita
E i nostri passi stanchi di una stagione matura
Percorreremo questo stretto sentiero
Con le nostre vite che ancora vogliono amore.

Nel mio migliore tempo camminando a ritroso
Penso all' amore, Se fossimo stagione primaverile
Sarebbe inevitabile, sarebbe solo soltanto amore,
Ma guardandomi attorno vedo solo autunno.

E mentre a questo penso siamo soltanto
Natura stanca di un autunno e piovono foglie
Stanche che si fanno calpestare
Lungo quel sentiero che assomiglia ad un deserto.

Non c'è di stagione un cambiamento,
Siamo l'autunno e viaggiamo verso l'inverno
L'autunno ci tiene a braccetto,
Ci copre con il soprabito conducendoci all'inverno.

LA CONFESSIONE

Uomo! Come credi di esser stimato se deludi l'amore
aneliamo il grande amore con la falsità dentro il cuore
quando pensiamo di aver trovato l'amor che rimane
siamo così sciocchi da scappare senza una ragione.

Ci lamentiamo con gli amici che sono tutte di misura eguale,
cerchiamo la donna dolce, sensibile, intelligente, intellettuale
ma non sappiamo impostare un dialogo perdendoci nel banale
noi siamo predisposti per un rapporto superficiale.

Cerchiamo una donna amica, fedele, una donna con le palle,
una mamma che vi sappia consigliare, che vi porga la spalla
per poter piangere nei momenti del bisogno e consolare
allora mi domando:- Ma te uomo quale ruolo vuoi ricoprire-

Come bimbi facciam capricci, tutto ci sta stretto
non sappiamo rinunciare a un capriccio, di un'auto, d'una moto
pretendendo che tutto sia capito, senza nulla dare in cambio
lamentandoci è sciocco o salato, non è come di mamma il pranzo.

Vogliamo un contatto d'amore, prima del grande passo
intanto lo facciamo con altre cento sempre il gioco stesso,
ci prendiamo gusto come fan i bambini con le caramelle
sprecando le occasioni poi per la peggiore scegliere.

State pensando che sono uno str…. a pensare e dire questo,
lo so e avete ragione, ma ve lo dice uno che sa e parla di se stesso
ma so anche che non si può generalizzare, ma lasciatemi dire ,
mi voglio sfogare, ho dedicato tanto tempo a coltivare patatine.

LA VITA TERRENA

È magnifica , splendida
Intensa , profumata
Gustosa, amara, pericolosa
Rilassante, delicata,
A volte ruvida, lottata
Parlo della vita.
Sia quella umana
Che quella animale
Che vegetale
Ogni anno mi sorprende
Il tuo rigoglio vegetale
I profumi che sprigioni.
Mi sorprende l'usignolo,
Il merlo, il fagiano,
Il laborioso lavoro delle formiche
Il prato che di fiori si copre
L'albero che mette le gemme
Prima di fiorire.
I cri,cri dei grilli
I giardini di variopinti colori
La capra che bruca l'erba,
La tortora che fa il nido
In vetta alla quercia
La farfalla che svolazza.
Calpestare un prato scalzo
Sentire sotto i piedi il suo
Vellutato e fresco tappeto
Come un dolce massaggio
Che ti rilassa e invita
Ad adagiarti su di esso.
Cosa avrei perso
Se non fossi mai nato,
Io come umano mi pento
Di aver a volte inveito
Contro te contro le stagioni
Contro il vento l'acqua il temporale.

Tu animale sia pennuto che peloso
Hai riempito il mio cuore
Di tenerezza e gioie
Più della stessa mia specie
Tu vegetale sei la più saggia creatura
E mi fai star bene
Rilassando il mio   umore.

LA FORZA DELL'AMORE

I nostri cuori così uguali, così diversi
il mio così forte, impetuoso, determinato
ma capace di sciogliersi con un bacio
o davanti ad un abbraccio o un sorriso.

Il tuo cuore così grande, disponibile, amoroso
ma pronto a dare battaglia in ogni momento
per gelosie d'amore non vuol sentire ragione,
inutile sperare di farlo ragionare il tuo cuore.

Due cuori, ognuno dei quali vuole aver le sue ragioni,
sarebbe bello se assieme al cuore parlasse l'amore,
arrendendosi da ambo le parti finendo per baciarci
riuscendo a far capire ai cuori che vogliamo amarci.

Tu chiusa nel tuo orgoglio, come fosse tradimento
ed io nella mia anima delusa non capisco
nel nostro silenzio di ottuse menti e cuori spenti
riusciamo finalmente a sentire il richiamo dell'amore.

Tutto il tempo trascorso a soffrire senza parole
 i cuori si sono incontrati, sfiorati, capiti, amati
è la forza di questo sentimento che ci ha riuniti
legandoci all'amore senza alcuna spiegazione

KILLER DI CUORI

Ti ho amato fino l'estremo
Ti ho dato tutto; più del dovuto
Mi hai scaricato dicendo:
che non sono il tuo tipo.
Il cuore mi hai ucciso
Lasciandomi senza respiro
Ne parole uscir di bocca
Mentre dagli occhi cade una lacrima.
Non mi sono arreso
Ti ho cercato in ogni luogo
Che insieme abbiamo frequentato
Non c'è odor di femmina in amore.
In quale luogo nascondi
L'amore di altro malcapitato
Che in mano ti ha messo il cuore
Che spezzerai quando sarai sazia.
Lo colpirai con un colpo deciso
Fino ad uccidere un altro cuore
Lasciando chi ti ama
Senza respiro ne da bocca uscir parola.
Non metterai fine
A questo massacro di cuori ed amanti
Fino il giorno che non trovi
Uno che il tuo cuore spezzi.
Solo a quel punto capirai
Rimanendo con il cuore spezzato
Per colui che hai amato
Senza respiro ne da bocca uscir parola.

IO TI AMO TU MI AMI; CHE PAZZIA

Tu sei la mia alba di giorni al tramonto
Tu mi dai vita, che avevo dimenticato
Tu fai sobbalzare il mio cuore malato.
Tu mi rendi tutto il tempo che mi è mancato
Tu non sei un semplice amore
Tu mi porti in paradiso da una vita d'inferno.
Tu sei la mia cura che non ho mai fatto
Tu mi fai sentir nuovamente uomo
Tu solo tu mi stai offrendo tanto.
Tu mi allieti con le tue attenzioni
Tu mi sorprendi tutti i momenti
Tu dai amore ad un cuore a pezzi.
Tu dai amore a un uomo pazzo
Tu mi stai elevando a saggio
Tu non lo hai capito,io no lo merito.
Tu amore solo amore mi stai dando
Tu soffrirai per questo derelitto
Tu stai tagliando la corda a un impiccato.
Tu sai, che la mia vita è appesa a un filo
Tu che puoi ed aver il meglio
Tu hai stravolto il mio destino.
Tu non avrai con me che guai
Tu mi ami e mi hai coinvolto
Tu   che io amo ti ho coinvolto.
Tu che hai sognato un nuovo amore
Tu sei nei sogni e nel mio cuore
Tu amami, mas non andare oltre.
Tu potresti aver solo delusioni
Tu non ascoltar i miei discorsi
Tu lo sai, mi riescon bene.

INNAMORATO DI TE

I tuoi occhi smeraldi
hanno turbato i miei sonni
dove sei? Io più non ti trovo
perchè da me ti sei allontanata?
Lasciando nel tuo cuore dei dubbi
nel mio cuore dolore.
ti ho cercato in ogni dove,
ho scritto su tutto il tuo nome
ma non ti ho trovato,
tu non mi hai cercato.
Hai messo un muro tra di noi,
solo la tua immagine mi rimane, sei crudele.
Non sò chi ti ha spinto a fare questo,
liberati dalle tue incertezze, dalle catene,
io sono quì, sempre quì
tante bugie è vero ti ho detto,
ti chiedo perdono,
io sono quì che aspetto il tuo ritorno,
per stringerti ancora al mio petto
per darti un bacio e chiederti perdono
io sono quì, io ci sono.

INFANZIA E ADOLESCENZA

Che vita ho fatto!
L'infanzia è stata come tante altre,
da infante ad adolescente sin dalla prima scuola
vivevo in campagna, andavo tutti i giorni
della settimana a cavalcioni della strada bianca.
D'inverno accavallo al mio destriero bianco,
con la neve al ginocchio
la neve attutiva nel cammino
il rumore dello zoccolo,
arrivando ogni mattino bagnato zuppo.
Dai professori avevo riscontro,
sei bravino; ma non ti applichi molto,
questo è sempre stato il mio rimbrotto.
In italiano sei bravo, i temi son poemi,
in   matematica hai qualche lacuna,
non nei problemi, nell'elevazione dei numeri,
in condotta fai piangere,
fino l'ultimo trimestre costantemente sette.
Le lacune, l'applicazione,
la mia applicazione tornato dalla scuola,
era badar pecore e buoi fino sera

IN ATTESA DI UN SOGNO

Io ogni attimo del giorno ti respiro
Tu sei in me angelo   bruno
Ogni tuo sospiro per me è un dono
Ogni tuo pensiero a me rivolto è un sussulto.
Quanto ti amo dolce amore,
Quanto mi mancano le tue parole sussurrate
Tu sei la mia alba che schiarisce il cielo
Io all'alba mi alzo per far del tuo respiro il pieno.
Più non mi basta il nostro tempo,
Vorrei fosse eterno per amarti a pieno
Tu sei il mio focolare che il cuor scalda
Sei la mia acqua pura che disseta.
Io ti amo mio angelo bruno
Ricordandomi ogni giorno quanto ti amo,
Io all'alba e al tramonto ti respiro
Faccio il pieno di purezza che nel sogno ti ridono.
Sei in me, in ogni dove io ti vedo
Sei inafferrabile, svanisci come nuvole
Riapparendo su un giardino come un fiore
Mentre nel sogno integra mi appari ,amore.
Sei stupenda nel tuo corpo angelo bruno
Le tue forme del corpo scolpite da scultore
Ti doni a me con un bacio e un sorriso
Poi in un turbine di carezze e baci facciam l'amore.
Mi manchi nelle mie giornate
Sento i tuoi sospiri e gemiti d'amore
Che arrivan dai venti spinti al mio cuore
Li custodisco come reliquie, come diamanti.
Aspettando un altro tramonto
Che svanisce in mare conto le ore
Che mi separan dal sonno, per altro sogno
Dove possa donarti tutto il mio amore.

IN RICORDO

Francesca ti ricordo con i tuoi riccioli d'oro,
sorridente allegra, bellissima,
ogni mattina facevamo sempre ritardo
all'entrata in scuola.
Poi la disgrazia; ti è morta mamma!
Quanti pianti hai fatto,
io sempre lì a canto a consolarti.
Son passati gli anni,
ne son passati tanti
da quel giorno che mi dicesti:_
Ciao amore devo andare
Vado in collegio dalle suore_
Ogni tanto penso:_
Se non avessi scelto la vita
di convento tra noi
come sarebbe finita_
oggi forse; saresti mia sposa!

IMMAGINE RIFLESSA

Riflessa su d' uno specchio d'acqua
Soave fanciulla il tuo sguardo mi turba
Tra i riflessi danzanti di acque sorgive
Vedevo i tuoi sguardi, udivo le tue parole.
Di velati vestiti il tuo corpo mostravi
Ispirando ai poeti poesia d'amore
Serena sorridi ascoltando le lodi
Ti sfioran, ti cullan, i tuoi sogni i poeti.
Si invaghisce il poeta di tali bellezze
Incuriosendo i suoi sogni di tali contorni
Esalta il mistero di soave fanciulla dell'acqua
Mentre nel sogno la notte la abbraccia.
Sensuali parole e poetiche rime
All'amante dei sogni il cuor esprime
Quale sogno, fa sospirare, galoppare il cuore
Tu sfuggevole fanciulla di un sogno d'amore.

IL VOLO

Come sarebbe stupendo amor mio
Prenderti   per mano ed insieme andar lontano
Lontano dagli attanaglianti pensieri
Lontano   da sguardi indiscreti ed occhi cattivi.
Volar via in alto, cantando amor mio ti amo tanto
Mano nella mano o abbracciati se hai freddo
Dandosi ogni metro un bacio e gridar ti amo
Affidando il nostro corpo e l'amore stesso al vento.
Nell'universo immenso   respirar l'eternità
Tra il brusio del vento ascoltar in silenzio
I battiti   dei nostri innamorati cuori
Noi abbracciati poter udire le voci dei pianeti.
Veder albe boreali ed il sole che illumina i pianeti
Veder tramonti   e sole   che si butta giù oltre il mare
Aver tra le mani la luna che ci invita all'amore
Ad amarci tra le lucenti stelle e la loro indiscrezione.
Noi nell'universo in volo verse mete sconosciute
E sempre ancor noi abbracciati con labbra incollate
Amor che volar come   angelo sognavi
Or che i nostri cuori nell'amor sono uniti siam felici.

IL PRIMO INCONTRO

Al primo abbraccio eravamo imbarazzati, impacciati
Con gli occhi lucidi ci stringiamo,il cielo ci guarda
Un ultimo abbraccio prima di partire
Ti aggrappi lasciandoti andare a me
Come una foglia quando si stacca dal ramo
Che non vuole scivolare via, per assaporare questi ultimi istanti
Mia stella , una melodia risuona ad indicarci che tu devi andare
Le nostre mani si sciolgono, l'ora è giunta
Ti senti come i marinai quando lasciano il porto
Mentre sventolano fazzoletti bianchi
Uno sguardo, un bacio lanciato, una parola
Ciao amore, arrivederci a presto se Dio vorrà.

IL PIANTO DI UN ANGELO

Occhi arrossati   pronti al pianto
Lucidi da forti emozioni
Ecco, la prima lacrima sta scendendo
Solca il viso, arrivando al mento
Si asciuga la vergogna di esser uomo.

Forse son lacrime di delusione, d'amore
oppur di rabbia, di uno sfogo naturale
O di cocente dolore di care persone
Con la mano gli occhi brucianti asciuga
la sua commozione.

Le lacrime di un uomo son di tenerezza
Verso la persona amata
Il cuor si stringe per un amore intenso,
Perduto, oppur dall' amata ,rifiutato
Uno sfogo che non può esser soffocato.

Sul viso di un uomo scorrono lente
Tra barbe lunghe e barbe non fatte
Sia benedetto il pianto, che il cuor libera
Da commozioni di esseri umani
Che an sincerità d'animo e gentil cuore.

Ci han insegnato che un uomo non piange
Ma il fanciullo che nell'animo si affaccia
In silenzio piange tra la vergogna
Quell'uomo da duro è d'animo tenero
Quando un uomo piange, nasce un angelo.

IL NOSTRO AMORE

Parlo alla mia anima del mio tormento
Spiegando le pene del mio cuore
Lasciando   una lacrima scivolare sul mio viso.

Seduto su un gradino ad osservare il tramonto
Che dipinge ad ovest   il cielo ed il mare di rosso
Questo è il   momento che il cuor è più depresso.

Vorrei con lei vedere il tramontar del sole
Come   vorrei veder l'alba, il suo nascere del sole
Veder i suoi occhi in quei momenti, pieni di stupore.

Anche questo è vivere, anche questo è amore
E sorprendere i sentimenti che il cuore esprime
Vivo di te, vivo per amarti e farti felice.

È difficile nascondere al cuor le emozioni
Che per la bellezza dell'universo e per l'amor di noi
Come non darsi un bacio, una carezza e forte stringersi.

Vorrei affidarmi alle emozioni, alle sensazioni
Ma non so descriverle, ma son felice con te viverle
Nel cuore ho solo posto per il tuo amore.

In questa sera di tramonto vissuto con te accanto
Ogni quadratino del cielo è a te dedicato
Ogni stella che risplende contiene un desiderio.

Ne prenderò una , quella più luminosa
Ci svelerà ogni mistero sulla nostra vita
La giusta via per il nostro amore è un solo cuore.

IL MIO VOLERE

Vorrei essere nel tuo cuore
per contare i battiti i sussulti.
Vorrei esser nelle tue labbra
per aver i tuoi baci.
Vorrei esserti accanto
per apprezzare e toccare tutto il tuo corpo.
Vorrei essere il tuo letto
per averti sempre tra le mie braccia.
Vorrei esser il tuo cuscino
per baciare la tua bocca ogni momento.

IL CAMMINO DELLA VITA

Cieli luminescenti di stelle come brillanti
Accompagnano il mio cammino
Tu luna spiona mi segui con le tue ombre
Forse hai paura che io mi possa perdere.

Inseguo la vita, ma mi fermo a pensare
Aspettando che il vento mi sussurri parole
Guidandomi   verso il tuo cuore
Con l'udito saggio i suoi sospiri d'amore.

Dove sono i tuoi   ambiti   tesori
Mentre io rattoppo una vita stracciata
Che pian piano tra le mani mi è scivolata
Ho raccolto brandelli d'amore senza amare.

Il   tempo d'amare non è infinito, in un pugno è racchiuso
Si può trovarne di nuovi   ma non hanno lo stesso sapore
Un po' titubante riprendo il cammino   per altrove
Il sole ormai alto mi dice, ferma la corsa del tuo cuore.

Osserva i passi e i pensieri di un uomo, Signore,
Che non conosce cosa ha in serbo per lui il destino
Prova a pensare sguaiato animale alla vita che hai
Prova a pensare a ciò che vorresti e ciò che hai.

Se chiudendo gli occhi ed ascolti il respiro del cuore
Scoprirai che il tuo   destino è già nel tuo cuore
 afferri per mano l'amore dove la strada finisce
Lasciando il posto nel cuore al piacere e all'amore.

Ti culla, ti sommerge un mare di gioia nel cuore.
Finisce la strada sbagliata, ma prosegue il cammino
Quel mare nel cuore darà ritmo   al tuo respiro
Affrontando un amore per te, per me sconosciuto.

IL LEAL CAVALIERE

Il Cavaliere errante correa sul suo destriero,
da tre giornate intere, per pianure immense;
poiché il sole scompariva dietro il monte,
decise di dar fiato al suo destriero.
Sceso da cavallo, si guardò intorno
e incerto di passar la notte in quel prato,
il ciel si facea stellato,
dormir di sano riposo avea deciso.
Il suo pensiero è al mattino
:- All'apparir del giorno
ripartirò con il mio destriero a correr veloce_
poi sull'erba verdeggiante si ripose.
Ragionando assieme alla sua mente:
_Quante cose degne ha fatto Dio,
la luna argentata e le stelle d'oro,
 il giorno illuminato dal sol lucente,
Dio questo ha fatto per l'umana gente._
_Domani mattina all'apparir del chiarore,
andrò a cercar chi mi offese con parole
e con spada mi sorprese._
_Sarà giornata di battaglia!
O moro o esco vincitore,
va lavato il mio onore ,
per esser meritorio il nome Cavaliere._
Il Cavaliere giunto dal vigliacco,
che di sorpresa lo colpi al fianco,
 ingiuriandolo con parole d'offesa al suo rango.
Si ode un incrociar di spade,
furente fu la disfida, fin che il Cavaliere
 trafisse con vibrar di lama il cuor del nemico.
Il Cavaliere chiese perdono a Dio
 per aver inflitto morte ad un essere umano,
ad un nemico, implorando perdono a mani giunte,
sotto il sole cocente, chiese perdono cento volte.

GENERAZIONE

Ringrazio Dio creatore
Di ogni essere e di umana gente
Io ti ringrazio personalmente
Di aver creato la mia Progene
Ringrazio tutti i miei Avi.
Per almeno sette generazioni
In particolare i miei genitori
Che mettendomi al mondo
An continuato la sua genia
Io dal mio punto altrettanto ho fatto.
Dei figli ho messo al mondo
Ora toccherà ai miei nipoti
Continuare se vorranno
La generazione in questo
Mondo che sta affondando.

FUSIONE

Sui fianchi le mie mani ti cingono
Sta salendo il fuoco sui corpi frementi
Arde di un'unica fiamma la carne
Le menti sconvolte da questo ardore.

In un incognito volo vagan le menti
Distese di rose e fiori di campi
Castelli fatati che accolgono amanti
Guerrieri d'amore che dan baci struggenti.

Vortici di vite avvinghiate alle bocche
C'è chi raggiunge la meta agognata
Io mi abbandono ai tuoi baci sognati
Volando come aquila sulle ali dell'Eros.

Solfeggia il vento spostando di te la chioma
Un cinguettio di angeli alati ci fa da corale
Protettivo abbraccio ti dono mio amore
Nel nostro migrare gitano di menti in amore.

Sicuro nel mio regno affondo in te l'arma
Nel tuo fertile e caldo terreno che freme
La mia radice entra profonda sparge seme
Al fin in me ritorno in me ritorno e grido ti amo.

FUOCO DENTRO

Occhi che cercano i tuoi occhi
Labbra che cercano le tue labbra
Mani che cercano il tuo corpo.
Corpi che cercano il contatto
Sfiorando dolcemente i tuoi sensi,
Tremore di corpi che han voglia d'amore.
Occhi che cercan nella tua anima
Consenso già nel tuo cuor accordato,
Tutti i nostri sensi stan fremendo.
Labbra che si accostano
Baciando il dolce dono
Di un passionale incontro.
Mani che si insinuano nel tuo corpo
Raggiungono il tuo seno
Assaporando il tuo turgido capezzolo.
Corpi che trovano il contatto
Corpi che si fondono in unico corpo
Emettendo uno strozzato lamento di piacere.
Occhi chiusi come fosse un sogno,
Bocca che doni ad ogni sussulto
Le tue mani attanagliate al mio corpo.
Corpo su corpo, sento le tue grazie
Bollenti avvampan come fuoco
Fuoco che il tuo corpo sta donando.
Io come acqua spengerò le tue fiamme,
Quel fuoco che dentro te arde
E ad ogni tuo riarder farò ritorno.

FUOCO D ' AMORE

Sei la luce dei miei occhi,
quando ho te al mio fianco
del tuo amore non mi stanco ,
mi dai luce, amore,
facendomi stare bene,
non voglio altro
Stammi sempre accanto.
 Viviamo di baci e carezze
 l'uno per l'altro,
siamo in un sogno
che non finirà al far del giorno,
ma durerà in eterno.
Vorrei essere
 il tuo animaletto preferito,
un gatto, un pavone, un furetto,
quel l''animale che ti da
più sicurezza e calore.
 Se sceglierai il gatto!
per te farò le fusa,
con il musetto ti sfiorerò il petto,
con la coda
sotto il naso ti farò solletico
voglio vederti sempre felice.
Vorrei essere
 il più bel fiore profumato,
una rosa rossa
che ti inebri la mente.
Un fiore di gelsomino!
che rappresenta la tua purezza
il suo profumo ti addormenti
Come il principe di Biancaneve
io verro ha cercarti,
per darti un bacio sulle labbra e risvegliarti.
Oppure il fiore di ciclamino
che ti accompagni
nel tuo cammino,

per essere a me sempre vicino
Legati per la vita,
io sarò la tua coperta,
il tuo cuscino,
indifferentemente che io sia un uomo,
un gatto, un fiorellino.

FRATELLO SOLE RUFFIANA LUNA

Sono un poeta che descrive l'amore
Per un sole al tramonto
O una luna che rischiara la notte
Rese facili tali parole all'amore
Che il mio cuor esprime e penna trascrive.
O sole i tuoi tramonti all'orizzonte
Sembran dipinti
Con mille sfumature di colore
E mai vi fu pittore ne dipinse eguale
Il tuo crepuscolo i cuori fa innamorare.
Laggiù oltre monti , colline, pianure
Ai confini del mare ondeggiante
Ti vai a gettare spengnendo il tuo ardore,
Ancor di bagliore illumini l'orizzonte
Lo scuro si crea placando il mare.
Or tu luna impertinente e ruffiana
Quante bocche hai fatto baciare,
Quanti sguardi di teneri amanti
Che sotto il tuo sguardo esprimono amore
Parole sincere d'amore o parole alla luna gettate.
Luna che schiari spiando i miei movimenti
Luna ruffiana ,di amori frementi guardona
Quante volte con te testimone ho giurato amore
Luna che spii dietro fogliame di pianta
Fa che l'amore sia quello vero questa volta.

FOLLE AMORE

Tu mi hai fatto scoprire cos'è l'amore vero
Quello che fa batter forte il cuore,
E' una fiamma che divampa avvolgendo il corpo
Una febbre che ti colpisce e scombina il cuore.
Tu mi hai fatto scoprire l'amore, la dolcezza
Tu col tuo sguardo dolce e penetrante
Mi hai fatto cadere in un oblio profondo
Mi hai sconvolto i sensi e il cuor rapito.
L'amore che ho per te cresce ogni giorno
Questo desiderio non credo di poter placare
Vorrei urlare a tutto il mondo che ti amo
Ti adoro, ti desidero, sei il mio sogno.
Tu mi hai fatto conoscere il vero amore
Voglio le tue dolci mani sul mio corpo
Che le tue dita come un libro mi sfoglino
Voglio i tuoi baci che il mio corpo coprino.
Voglio esser per te una terra sconosciuta
Sarò il tuo spazio più profondo da esplorare
Io sarò un animaletto selvatico
che aspetta di essere addomesticato e coccolato.
Amor mio, tu mi hai rubato il cuore
mi hai tolto ogni facoltà che risiede nella mente
Mi hai stravolto il cuore e l'anima ti sei presa,
Voglio viverti ogni momento della mia vita.

FLUTTI D'AMORE

I miei occhi ti guardano vogliosi
Gia ti vedon spoglia di ogni tua veste
A te con avido fremer mi accosto
E le mie labbra le tue si mangiano.
Il caldo sole nella deserta spiaggia
Scaldan ancor più il nostro ardore
Tra dune di sabbia e pini odorosi
Le mie mani accarezzan i tuoi seni.
Giocan le mie mani sui tuoi turgidi seni
I tuoi capezzoli diventan duri, vogliosi,
Mentre la tua bocca fa parte della mia
Avvolti da passione ti bagni.
Pian piano ti spoglio ,
Seguendo il movimento dell'onde
Raggiungendo la tua umida spiaggia,
Lentamente ti adagio raccogliendo il tuo frutto.
Avvolti nei nostri flutti impetuosi,
Repentini, lenti, sprigionando fumi
Odori di umori amorosi, con gemiti e gioie,
Piacere e ancor gemiti a non finire.

FIORE   PER OGNI STAGIONE

Amor mio non ho che amore da darti
Oltre non posso nulla prometterti
Solo parole posso prometterti, donarti
Ogni momento lontano dai tuoi occhi
Sono mesi, non giorni, minuti o secondi.
Mi manchi, io ti cerco nei miei sogni,ricordi
Penso agli attimi assieme vissuti, gustati
Ma rimangono solo sogni non realizzati né vissuti
Amor mio ti cerco in un tronco di albero
Ti cerco dietro un muro dove ci sian dati un bacio.
Forte è il mio desiderio di poterti vedere, toccare
Ma non ci sei , non sei presente, abbraccio il niente
Nella mia mente sei scolpita come su pietra
Mai nessun umano potrà cancellare con sua mano
Mi sei dentro, ti sento, sento il tuo sorriso, il tuo pianto.
Quanto ti amo solo il mio cuore lo può a te sussurrare
Quanto mi manchi, solo il passar dei giorni, mesi, anni
Potrà dirti, comunicarti i miei sentimenti
Sei entrata come un uragano, tutto hai spazzato via
Ripulendo il mio cuore da delusioni, da dolore.
Ti amo mio fior di rosa che fiorisce a maggio
E si ripropone con il suo bocciolo ad ogni stagione
Mi sei entrata dentro, non voglio più farti uscire
Vorrei esserti accanto ad ogni tuo sorriso, ogni pianto
Voglio solo dirti grazie di amarmi così tanto.

FIGLIO MIO

Come saresti stato? Sai , alle volte ti chiamo
Con i nomi più belli e mi sembra che vero
Che tu corra verso di me con un sorriso pieno
E mi sento il cuore al sol pensiero venirmi meno.

Come sarei stata io? Una donna
Più equilibrata, più completa, più serena?
Non lo so, so solo che ho sofferto tanto
Quando ho scoperto che non mi spettavi.

Quello che la donna più semplice
Ha avuto e non ha capito il valore,
A me non è spettato: forse
Non lo meritavo.

Ho fatto scelte sbagliate ed ora
Non ho più la forza di volere,
Di continuar a insistere in altri campi
Oramai è tardi, sono finita.

A scuola ho tanti bambini
Ognuno di loro potrebbe essere
Il mio bambino che ho tanto sognato
Ma il mio bambino non è mai nato.

Vorrei una piccola mano nella mia,
Per darle tutto l'affetto che mi è rimasto
Se avessi una creatura che mi appartiene,
Oramai è tardi, resta lassù nel cielo bimbo mio.

FANNULLONE

Senza pretesa di voler strafare
io dormo al giorno quattordici ore
anche per questo nel mio rione
godo la fama di fannullone
ma non si sdegni la brava gente
se nella vita non riesco a far niente.

Tu vaghi per le strade quasi tutta la notte
sognando mille favole di gloria e di vendette
racconti le tue storie a pochi uomini ormai stanchi
che ridono fissandoti con vuoti sguardi bianchi,
tu reciti una parte fastidiosa alla gente
facendo della vita una commedia divertente.

Ho anche provato a lavorare
senza risparmio mi diedi da fare,
ma il sol risultato dell'esperimento
fu della fame un tragico aumento,
non si risenta la gente per bene
se non mi adatto a portar le catene.

Ti diedero lavoro in un grande ristorante
a lavare gli avanzi della gente elegante
ma tu dicevi -il cielo è la mia unica fortuna
e l'acqua dei piatti non rispecchia la luna
tornasti a cantar storie lungo strade di notte
sfidando il buon umore delle tue scarpe rotte.

-Non sono poi quel cagnaccio malvagio
senza morale straccione e randagio
che si accontenta di un osso bucato
con affettuoso disprezzo gettato,
al fannullone sa battere il cuore,
il cane randagio ha trovato il suo amore.

Pensasti al matrimonio come al giro di una danza

amasti la tua donna come un giorno di vacanza,
hai preso la tua casa per rifugio alla tua fiacca
per un attaccapanni a cui appendere la giacca
e la tua dolce sposa consolò la sua tristezza
cercando tra la gente chi le offrisse tenerezza.

È andata via senza fare rumore
forse cantando una storia d'amore
la raccontava ad un mondo ormai stanco
che camminava distratto al suo fianco
lei tornerà in una notte d'estate.

L'applaudiranno le stelle incantate
rischiareranno dall'alto i lampioni
la strana danza di due fannulloni,
la luna avrà dell'argento il colore
sopra la schiena dei gatti in amore.

ETERNO AMORE

Come sarebbe bello   amor mio
Assieme allontanarsi   da questo mondo
Da tutti gli occhi   che ti guardan giudicando
Andar via da falsità e viver la propria vita.
Cantar attraverso il soffio del vento
Abbracciati o mano nella mano
Dandoci un   bacio ogni momento che lo vogliamo
Respirare l'aria pulita di un'eternità   infinita.
Nel silenzio ascoltare il   battito del cuore
Che è la vita del nostro immenso amore
Con te vorrei udire i sospiri e il calore
Di anime pulite che pensan solo ad amare.
Distinti i nostri cuori, eppure fusi assieme
Ci ricordan quel che siamo e cosa saremo noi,
Saremo amore, fatto di   baci e comprensione
Io, tu, vicini abbracciati , nel sogno d'amore.
Ti ho visto venir in sogno da lontano
Portavi qualcosa di prezioso nella tua mano
Mi avvicinai a te dandoti un bacio con amore
Tu tra le tue mani tenevi stretto il mio cuore.

ETERNAMENTE NOI

Ogni sera all'abbuiar del mondo
Chiudo gli occhi, in attesa del nuovo giorno
Un' eternità, mi par che mai venga l'alba
Il tempo che da te mi separa scorre lento
Mentre il mio desiderio di te si fa grande.
Vorrei entrare dentro il tuo cuore
Nelle giornate chiare e nelle nottate scure
Nei freddi inverni e nelle calde estati
Nelle piovose primavere e nei ventosi autunni
Nelle nebbiose vallate, nelle candide nevi.
Vorrei portarti in volo dove il mondo è sincero
Dove cuori puri   e pieni d'amore
Son rose profumate che pulsano d'amore
Dove i venti odorano di gelsomino e di viole
Carezzando la pelle come donassero un bacio.
Amor   saremmo come due bianche colombe
Due cuori puri   come una cascata di acque sorgive
Che scorre   nelle vene a rinfrescar l'amore
I tuoi sussurri, i tuoi baci, i tuoi sguardi innamorati
La nostra promessa di amore eterno, ecco è questo.
Un nuovo giorno sta passando, il sole è al tramonto
La notte le sue ali dispiega abbuiando ogni ora
Ogni essere sulla terra nella sua dimora si ritira
Amor sento la tua mano, la tua bocca che mi cerca
Vedo nella penombra la tua splendida figura.
Batte il cuore come zoccoli di cavallo pazzo
Apro gli occhi di scatto, vola via la tua figura
Vola via la mia speranza di averti per una notte ancora
Tu sei il mio unico sole, sei la mia storia infinita
Io e te per sempre uniti nell'eterno della vita.

DONO D'AMORE

Potessi volar nel tuo cielo
Come un'aquila fa, tra le alte vette
Planando sul tuo nido
Sfiorandoti con un bacio appassionato.
Lassù dove il cielo è più blu
Ti invito al volo e mi seguirai
Ne son certo e che mi ami son sicuro
Mi spoglierò dei miei timori e dalle catene.
Ti svelerò il mio sentimento puro
E non d' amante   ma d'amore vero
Cadranno lacrime come pioggia su terre aride
Non ci saran germogli   per chi rimane .
I fiori che sbocceranno sul nostro percorso
Daran gioia all'immensità, alla nostra vita
Fioriranno da speme, sensualità , calore
Rendendo dono al nostro grande amore .

DESIDERIO D'AMORE 2

Desiderio di te, ogni pensiero a te è dedicato
Palpiti incessanti di un cuore pieno d' amore.

Fuoco che arde nascosto sotto la cenere
Alimentato dal vento e la fiamma fa intravvedere.

Passione di un   amor che non si contiene
Travolgente , invitante di due cuori in amore.

Brucio di te, con te, che mi possiedi e ti possiedo
Mettendo ardore e fuoco nelle vene.

Mi sconvolge la mente il tuo corpo fremente
Che fa tremar le gambe e l'ardore accende.

Mio insperato amore   giaccio con te e bevo alla tua fonte
Per spegnere l'incendio che avvampa i nostri corpi.

Il tuo ardore mi porta lontano dove il desiderio si accende
Accarezzandomi   il cuore e l'anima.

Avido d'amore nel tuo corpo perdo, mi invita ad amarti
Fremiti mi solcan i sensi, tu ti immergi in sussulti e gemiti.

Schiudendo alla mia prepotente ragione
Il tuo corpo che brucia d'amore.

Raccogliendo del nostro ardore i frutti d'amore
Volando   in splendidi cieli azzurri tra angeli persi.

DESIDERIO D'AMORE

A volte l'amore si getta tra sbagliate braccia
In braccia che non avevan più cuori stretto
Forse colpite da delusioni di amori sbagliati .
Ma il cuor corre non tenendo conto del corpo
Viaggia   galoppando su fluttuanti pensieri
Dalla mente offuscata dal desiderio di amare.
Ti rimanda il cuore a brucianti momenti d'amore
Al desiderio di passione, d'amore
Rubando un bacio alla tua bocca desiderosa .
Incessanti sguardi sconvolgono i nostri sensi
Posandosi sensualmente   sui corpi, sulle menti
Che il cuor controlla e manda impulsi.
Ti amo   dolce compagna dei miei sogni segreti
Legando le due bocche con filo invisibile
Il cuor prende possesso dei nostri sensi.
Ti amo, mi sussurri tra brividi che scuoton membra
Tra menti rapite, sconvolte da fremiti erotici
Unendo i due corpi in un unico cuore, desio d'amore.

DEDICATO A TE

Dopo lo splendore del paradiso
Ci sei tu! con il tuo stupendo sorriso
Tu mi accarezzi l'anima e il cuore in petto
Come un lieve soffiar di vento.

È tortura amara amarti e accanto non averti
Sognare   tanti, troppi dolci momenti
Continuare ad amarti, ad appartenerti
Vivendo rari momenti al nostro amore concessi.

Come un angelo mi appari in sogno
Dispiegando le ali mi circondi il corpo
Dedicando lo sguardo ai miei occhi di innamorato
Il nostro tempo è dedicato a un sorriso ed un bacio.

Consapevole di questo lontano e segreto amore
Che fa soffrire, piangere,   riesci a leggermi nel cuore.
Ma una cosa non sai, voglio darti tutto il mio amore
Non ho altro da donarti, solo questo, il mio cuore.

CURA D'AMORE

Come un dottore vorrei curarti
Ad ogni sobbalzo del tuo cuore
Esser li pronto a dargli la cura che richiede
Una parte di baci, una parte d'amore.
Vorrei curar la tua bocca le tue labbra
Quando ardenti d'amore si eccitano
Si infiammano,fino al tremore,trovar loro la cura
Una parte di baci, una parte d'amore.
Vorrei curar la farfalla che sfinita
Sul tuo seno si è depositata,darle il mio respiro
Incitarla a prender volo, dandole una cura
Una parte di baci , una parte d'amore.
Vorrei visitar il tuo corpo che freme
Con brividi di piacere e d'amore
Trovar la una cura adeguata al suo cuore
Una parte di baci , una parte d'amore.
Vorrei vederti in succinte vesti
Per verificar le esposte parti se son frementi
Per trovar la cura altrimenti
Una parte di baci , una parte d'amore.
Vorrei veder la tua nuda figura
Per verificar ogni punto del tuo corpo
Alla fremente pelle trovare una cura
Una parte di baci , una parte d'amore.

COME TI POSSO DIMENTICARE

Non posso   dimenticare i tuoi occhi
Non posso   dimenticare il tuo nome
Non posso   dimenticare le tua calde labbra
Non posso   dimenticare le tue mano sulle mia
Non posso   dimenticare i tuoi sguardi innamorati.
Non posso   dimenticare i tuoi sorrisi seducenti
Non posso   dimenticare te mio amore
Non posso   dimenticare   le mie emozioni
Non posso   dimenticare i turbamenti che mi provochi
Non posso   dimenticare quei baci rubati, offerti.
Non posso   dimenticare i nostri sguardi, i silenzi
Non posso   dimenticare i nostri "ti amo mio amore"
Non posso   dimenticare quanto mi ami e ti amo
Non posso   dimenticare e mai dimenticherò
Non posso   dimenticare che tu mi hai dato amore.

COME FIUME IN PIENA

Quando l'animo metti a tacere
Indurisci carattere e cuore
Poi sei arrivata tu tardivo amore
Amor che scuote anime ardenti
Immerse, perse, nei solitari pensieri
senza mete, ma solo vuoti desideri.

Tu che accendi il cuore promettendo amore
Spoglio io mi sento di certezze e di cuore
Tu mi fai viver di nuove avventure, di passione
Al sol sentir soave voce il cuore si scioglie
E volan parole d'amore che risuonan eterne
Nessun amore di mia vissuta vita non ha mai giurato.

Sboccia una rosa nel cuor mio arido
Di un amor mai consumato, vissuto
Un   dubbio mi assale mi penetra il cuore
Questo è amore di un tempo passato, di secoli, ere
Riempio di baci le tue labbra,   mia adorata
Gustosa la tua bocca, che sa di sapor d'amore .

Confusi i nostri sensi tra inebrianti odori
Ci spingiamo in giochi d'amore
Che sconvolgono le nostre menti e i cuori
Nei convulsi corpi bollenti facciamo l'amore
Solo il possesso dei corpi placherà la nostra sete
Come fiume dopo il temporale, che tutto travolge.

COCCOLE D'AMORE

Quanto amore mi dà il tuo cuore
Quanto calore mi offre il tuo corpo
Quanto mi manca la tua presenza
Quanto brucia la tua lontananza.

Ti amo piccolo fiore di prato profumato
Ti amo per la tua dolcezza, frutto prelibato
Ti amo per i tuoi baci, mai sono sazio
Ti amo per il tuo amore immenso, infinito.

Sei la mia luce che schiarisce il giorno
Sei la primavera in pieno inverno
Sei la mia stella che mi illumina il cammino
Sei l'amore che riempie il mio cuore.

Ti cerco senza rendermene conto
Ti cerco sia che piova o faccia bel tempo
Ti cerco e se   non ti trovo è uno struggimento
Ti cerco nel mio sogno nel mio letto
Ti cerco come un bimbo la sua mamma.

Amo sentir le tue mani sul mio corpo
Amo i tuoi baci, ogni bacio è un ricordo
Amo sentir il tuo corpo che il mio cerca
Amo il calore del tuo amore,del tuo corpo
Amo esser sempre al tuo fianco.

COCCOLAMI NEL SOGNO

Coccolarmi ancora nel tepore del tuo corpo
Teneri baci e profumo d'amore
Labbra rapaci carpiscono baci
Sussurranti socchiuse parlan d'amore.

Coccolarmi ancora tra le tue braccia
Brezza marina sulle nostre pelli
Soffio di zefiro primaverile
I nostri sospiri profuman d'amore.

Coccolarmi ancora   tra le tue spira
Incantami   con i tuoi sguardi e i tuoi baci
Ancora un attimo prima del risveglio
Prima che il giorno riveli la mia follia.

Coccolarmi ancora per il tempo che resta
Ci vorrebbe un 'anestesia contro il dolore
Di un sogno d'amore spezzato
La mente si blocca il respiro si affanna.

Coccolarmi ancora   mia dolce bimba
Del tempo che resta dal mio risveglio
Nel cuore il fuoco si spegne, il ghiaccio lo invade
Al mio risveglio era solo un sogno non voglio pensare.

Coccolarmi ancora   mia dolce amante
Per fermare il dolore non basta pensare
Che l'amore non fa così male
Incantami ancora con i tuoi sguardi e i tuoi baci.

Coccolarmi ancora   bellissima rosa di primavera
Inebriami la mente e prendimi l'anima
Troppo amore stai donando al mio cuore
Al mio risveglio voglio trovarti per un ultimo bacio.

CLOSCHARD

Senza pretese di esser un campione
io dormo il giorno, la notte si vive
anche per questo la gente mi dice
sei un campione di lunghe dormite
ma non   mi sdegno, non mi frega niente
se nella vita non riesco a dormire la notte.

Io vago per le strade, cercando discariche
sognando di viver una favola senza pretese
racconto ai pochi le storie di briganti
fissandomi con vuoti sguardi allucinati,
io recito una parte fastidiosa alle   genti
facendo della vita delle commedie divertenti.

Ho provato in alcuni   momenti a lavorare
ma mi stancavo al solo pensare,
il sol risultato che ho avuto dall'esperimento
del mio fisico   un tragico deperimento
non si offenda il lavoratore onesto
se non mi adatto a questo contesto.

Mi han dato lavoro in un grande ristoro
a lavare i piatti delle persone di un certo decoro
io dicevo che il cielo è la mia vera casa
e i piatti sporchi non rispecchiano la luna,
tornai a camminar lungo strade di notte
sfidando i miei piedi da scarpe rotte.

Non sono rabbioso, nè un rognoso cagnaccio,
ho una morale, anche se straccione e randagio
che si accontenta di un pasto avanzato
che qualche sazio gentiluomo ha gettato
anche a un closchard batte nel petto un cuore,
il cane rognoso, randagio, ha trovato l' amore.

Pensare al matrimonio come   un giro di valzer

amar la tua donna offrendole le tue consistenze
fatte di cartoni sotto cieli chiari e pasti leggeri
per   armadio un sacco di plastica nera,
la tua dolce sposa or si consola non è più sola
più non cerca e offre tra la gente tenerezze.

CAREZZAMI LI CUORE

Se il mio cuore dovesse   piangere
Prendilo in braccio dagli tutto il tuo amore
Quando ti dirà dammi amore
Non ignoralo, dagli tutto ciò che vuole.

Il padrone del nostro amore è il cuore,
Lui decide la tua e la mia felicità
Lui decide le nostre tristezze
Lui ci rende innamorati, dolci,   felici.

Se il tuo cuore dovesse   piangere
Lo   stringerà forte al mio petto
Non gli farò mancar l'amore,
Gli resterò accanto pienandolo di baci.

Questa notte uniamo assieme il tuo e il mio cuore
Tra mille carezze e qualche bacio
Conteremo assieme le stelle del creato
E la ruffiana luna ci farà da copertina.

CANZONE D'AMORE

Vorrei   scriverti una canzone d'amore
 E dedicarle a te, al tuo cuore
Che dell'amore è l'autore

Mi piacerebbe cantarti queste strofe
Decantarti le tue doti e le tue attenzioni
Decantarti tutto l'amore che ho nel cuore

Vorrei   essere degno del tuo cuore
Raccontandoti lodi di ogni tua azione
Dirti con il cuore quanto è grande il mio amore

Mi piacerebbe esserti vicino il giorno, la sera, il mattino
Tendimi la mano, ìl nostro amore ci porterà lontano
Baciami la bocca ogni momento che di te ho bisogno

Sei una rosa mia   amata, una rosa profumata
Sei la voglia che ogni giorno mi attanaglia
Sei la dolcezza che   ogni istante mi manca

Vorrei esser la tua fonte che d'amor disseta
Vorrei scaldar il tuo cuore   stringendoti al mio petto
Vorrei averti qui, osservarti mentre dormi nel mio letto

BRIVIDI D'AMORE

Se al cielo potessi rubar le stelle
Te le porterei in dono
Se avessi il potere di un mago
Ti nasconderei nel mio cappello.

Adesso che sei in tutti i miei pensieri
Il mio sentimento verso te è sincero
Voglio darti il mio cuore in dono
Sento nella testa di campane un dolce suono.

Ascoltando le mie emozioni che di te parlano
Sento il battito del mio cuore, arrivarmi in gola,
Il respiro che si affanna e per un attimo si spezza
Un brivido caldo, freddo il corpo attraversa.

Mi lascio trasportare dal suono delle campane
Che mi accompagna al   desiderio d'amare
Di poterti avere,   stringere, baciare, carezzare
Siamo occhi negli occhi, ansimanti d'amor frementi.

Non senti l'anima vibrare quando al mio corpo ti avvicini
Non senti il mio cuore gelare se non ha un domani,
È una passione d'amare questa   mia emozione
Un sogno di una notte ancor da sognare.

Mentre tu come un fantasma ti allontani
Ma sempre nei miei desideri rimani
Sempre nei pensieri di ieri, oggi, domani
Mi manchi nelle piccole cose, amor mio rimani.

Un brivido mi percorre e torna l'emozione
La malinconica mi assale il tuo addio mi fa male,
La nostalgia di te mi parla, dicendo se l'ami falla restare
Una magica illusione questa vita mia, che va in cerca amore.

BOCCIOLO DI ROSA

Ti mostrasti a me come una madonna
Una regina, una principessa
Io attento a colorar poesia
Nell'ore in cui gli innamorati fan l'amore.
Così soave ai miei occhi apparivi
Mentre il mio corpo d'amor già fremeva
Dal desiderio di conoscerti, di averti
Ma già in altra era, noi eravamo amanti.
Già a te mi avea condotto il cuore e l'occhio
Alla tua visione mi brillavan come i cieli in Agosto
Nel buio della sera mi parevi una chimera
E come tu fossi una regina, vedeo la tua corona.
Tra noi son corse poche parole
E un giorno di Dicembre era già amore
Copria la neve tetti e strade
Ma non ha coperto questo sentimento.
La Primavera d'erbe   e fiori si è coperta,
Sboccia la rosa assieme all'amore
Per la mia gioia in primavera sei nata
Rifiorendo in ogni stagione per darmi amore.

BARBONE PER AMORE

Ti aspetterò e non andrò via finchè non ti avrò visto,
il tuo nome stampato nel cuore, il tuo volto nei miei occhi,
scusatemi tutti signore e signori, se vedeste quella madonna
ditele che io sono qui ad aspettarla.

Sono qui su questa panchina dove ti ho incontrato,
la seconda volta una giornata ti ho atteso,
la tersa volta su questa panchina mi sono accampato.

Mi si avvicina un signore distinto dicendo che stare qui non posso
gli dico con modo garbato che qualcuno sto aspettando,
ditele signore che io sono qui ad aspettarla ogni giorno.

Lei   non lo sa ma lo farò per giorni, mesi , anni,
o addirittura aspetterò per una vita intera
si signore, aspetterò in questa panchina la fine dei miei giorni.

E' qui che l'ho incontrata   la prima volta
qui   mi ha sorriso quel giorno, lei che può la cerchi, la voglio,
voglio sapere se mi pensa almeno un momento del suo tempo.

Quindi signore la prego mi scusi la sto aspettando, lei mi aiuti
non posso andarmene via da qui, non posso esser rimosso,
mi aiuti signore, non sono un pazzo, ma d'amore pazzo.

Qualcuno passa mi crede un barbone, mi dà qualcosa da mangiare
ringrazio tutti, non è che non ho soldi per pranzare,
ma non mi posso muovere, sto aspettando che venga il mio amore.

Non riesco ad allontanarmi da questa panchina
dove tu ti sei seduta e sorridendo mi hai detto:-Buon giorno-
quel buon giorno, quel sorriso mi ha stordito, mi sono innamorato.

Se un giorno passerà ancora in questo posto,
saprà che da questa panchina non mi sono mai allontanato
si fermerà e commossa mi dirà amor mio ti ho trovato.

BACIAMI IL CUORE

Sei partita in un giorno caldo di mezza estate,
Il mio cuor l'ha presa come una fuga
Che da me lontano ti porta.
Mi hai illuminato col tuo animo gioioso
Or mi sento come un lume spento
Come una stella che ha finito il suo corso.
Torna, pur fosse per un attimo, un'ora, un giorno
Per ridare luce ai miei occhi, al mio cuore
Scaldami l'anima con il tuo calore.
Regalami un sorriso, un bacio, un pò d'amore
Al chiaror della luna o nel buio della notte
Non lasciarmi qui a pensare, a logorarmi il cuore.
Sono come un cucciolo d'animale nella notte
Sto cercando la protezione del tuo amore
Sei nelle mie vene, stai scorrendo verso il cuore.
Con dolcezza mi porti in sogni di passati tempi
Riportandomi lungo sentieri da noi percorsi
Quei sentieri d'amore che non posso dimenticare.
Hai reso felice un uomo nel sogno questa notte
Ora sto aspettando il tuo ritorno
Per viver ancora di intimi abbracci e infiniti piaceri.
Al sol pensare del nostro amore un brivido scorre
Lungo le vene fino a far tremare il cuore
Un lamento d'amore, che solo tu potrai chetare .

BACI E TRAVOLGENTE AMORE

Mi dai un brivido tra un bacio e una carezza,
Mi emoziono tra i silenzio che precedono un ti amo
Ti ho rubato un bacio e prima di uno sguardo un altro
Illudendo i tuoi occhi chiusi a fantasticare d'amore.
Un piccolo attimo di felicità, ma intenso
Poi tutto è svanito, rimane solo il dolce ricordo
Come la pioggia, un temporale, torna il sole
Ma quei baci amor non so dimenticare.
In quegli attimi i tuoi occhi neri e profondi
Hanno incontrano i miei, mi fissano, mi parlano
Il nostro amore è un bollente fuoco che i cuori arde,
Sudano i nostri corpi vogliosi di giochi erotici.
Occhi neri che sprofondano nei miei pensieri
Leggendo dentro l'anima i miei desideri
Sento ribollir dentro di me un uragano
Pensieri, emozioni, invadono la mia mente.
Sento sensazioni che non provavo da tempo
Dentro di me prendono il sopravvento
Un vampo di fuoco, uno sbatter d'ali d'angelo
Un soave gemito, un raggio di sole, avvampa le anime.
Una luna ruffiana ci specchia in ombra, tutto allunga
Il nostro ardore è un mare in tempesta, un'onda travolgente
Tutto questo è vita, tutto questo è amore
Addormentarmi vorrei nel suo dolce corpo, sul tuo cuore

ASPETTANDO IL FRUTTO

Risiedo qui
Ma il mio cuore vive altrove
In giardini immersi di rose e viole
Da mari sorvolati da gabbiani
Spiagge dove le onde ti sanno cullare
Paradisi dove solo di felicità si vive
Ma io risiedo qui a logorarmi   il cuore.

Risiedo qui
Ma il mio cuore vive altrove
In giostre che fan tremar le vene, potrei morire,
In cieli dai colori che cambiano in continuazione
Con occhi che seguono la luce del sole
Nelle facce giulive di chi ha finito il suo vivere
Ma io risiedo qui a logorarmi   il cuore.

Risiedo qui
Ma il mio cuore vive altrove
Nel sogno tracciato da un tenero amore
Ho seminato il mio seme d'amore
Aspettando con pazienza che nasca
Il germoglio è già nato, va innaffiato
Aspetto il fiore bello, rosso, profumato.

Risiedo qui
Ma il mio cuore vive altrove
Con il favor della stagione arriverà il frutto
Maturerà tra le mie braccia il mio amore
Raccoglierò il frutto che il cuor ha protetto
Lo stringerò tra le mie mati accostato al petto
Io vivrò assieme al mio cuore e al mio amore.

ARDERE D'AMORE

Tra Le erbe e fiori di Prato a te amore sto pensando
Mi adagio al ricordo dei   nostri dolci momenti,
Il ricordo di te travolge la mente, il cuor è in lacrime
Mentre l'anima   attorno al cuor si stringe.

I ricordi affiorano, i più struggenti,   e mi immedesimo
Dai miei occhi lacrime scendono
Il prato sembra animarsi dal vento sferzato
Per le lacrime assaporate di un tenero amore.

Grande e promettente è questo fuoco che arde
Da quelle lacrime versate, nascerà un nuovo fiore
Quel fiore piangerà il mio dolore
Bagnando l'arsa terra, facendo nascere un altro fiore.

Quegli steli ricorderanno quest'amore profondo
Trasmettendo come geni alle prossime generazioni
Anche un fiore può ricevere e dare amore
Come in eterno lei vivrà nel mio cuore.

ARDENTE FIAMMA

Nel tuo comportamento istintivo sei il diavolo,
sei l'amore che si esprime come un cantico celestiale
vogliosa d'amore vezzeggi liriche in dolci rime.

MI stupisco del tuo innamoramento, di femmina vera
se non è finzione dimmi cosa provi in questo amore
amor vero che ti fa godere o solo voglia di far sesso.

Nel suo amplesso erotico, fai sognare il cielo infinito
lasciando all'immaginazione una femmina che da amore
stupefatto raccolgo in te femmina, il liquido del piacere.

Mi fai viver di incanti, piaceri, sapori, odori adulatori
come la poesia d'amore da gioia al cuore e agli umori
si crea passione, dolore nel soffocar l'amor che provi .

Non è amorale bramare due corpi nudi che si svelano
come l'ape si eccita succhiando dall'uno all'altro fiore
assaporando odori e gusti diversi dolci come il miele.

Sei tu amore, la musa ispiratrice che mi fa sognare
scrivo queste parole pensando a te, in estasi d'amore
quando ti getti sul mio corpo bramando sesso sei fuoco ,
fiamma che arde marchiando il mio poetico linguaggio.

ANIME SELVATICHE

Come un animale selvatico, impaurito ed affamato
di te mi sono invaghito della tua bellezza che innamora
abbandonando tutti i miei progetti di uomo solitario
passando ore e ore a scrivere, il bello, il brutto e l'amaro.

Sei apparsa tu addolcendomi il cuore come ad un animale,
la tua figura   mansueta era la mia gioia, il mio star bene
il tuo sguardo di lupa, fiducia mi ha dato tra tutte le iene
facendomi tremare d'amore e del cuor le sue vene.

Il parlar dolce, persuadeva il mio pensare di essere animale
tutto il tuo sapere a me dicevi rendendomi persona normale
ti ho creduto attraverso il cuore che mi diceva lei è d'amare
al cuor non si comanda e neppur si da consiglio devo accettare.

Un giorno come tanti da lupa selvaggia mi hai mostrato i denti,
dicendomi che per percorrere altre vie non eran più i momenti
per conoscere altre terre, per altre prede non era tempi
a un'anima selvaggia che per boschi scorrazza, non mette reti.

Così finisce la storia tra animali selvatici, che non si son compresi
tra lupi selvatici non ci son state perdite solo al cuor feriti
ma l'amor che da quegli occhi scuri vedo non è da amici
io occhi chiari e pronto allo scontro, per amor suo mi farò agnello.

ANIMA DELLA MIA VITA

Tu dolce melodia che   rinfranca il mio cuore
Tu rosa rossa che brucia d'amore
Tu che sei la mia ardente passione il mio amore.
Ti amerò attraversi le stagioni della vita
Che esse siano fredde , calde o piovose
Che esse siano buie o piene di luce.
Che esse siano lunghe giornate estive di pieno sole
O profumate primavere di giardini in fiore
oppur lunghe giornate autunnali piovose.
Tu sarai il mio sole che scalderà ogni stagione
Sarai la mia luce che illumina le corte giornate
Tu sarai il mio profumato giardino dell'eden.
Tu sei la mia stella che nel cielo brilla
La tua luce indicherà la strada al mio cuore,
Sei la dolcezza che rinvigorisce l'amore.
Sarò con te nelle giornate buie
Sarò con te nelle giornate di pieno sole
Sarò con te sempre mio grande amore.
Coprirò di rose il tuo giaciglio
Mi avrai sempre accanto nel tuo sogno
Sarò il tuo compagno, il tuo amante, ogni giorno.
Coltiverò il nostro amore come fosse il giardino dell'eden
Ti solleverò come come un bimbo al risveglio
Ti darò il primo bacio augurandoti il buon giorno.
Sarò il tuo angelo, lì in qualsiasi tuo bisogno
Ti proteggerò in ogni luogo, da ogni tuo pericolo
Ti asciugherò ogni lacrima che scenderà dal tuo viso.
Ti dedico amore queste parole sgorgate dal cuore
Ascolterò il tuo cuore quando parlerà d'amore
Ti vivrò ogni istante, nelle giornate piovose o in pieno sole.

ANIMA LIBERA

Mi basta il tuo sguardo
Per addolcire il mio cuore
Mi basta un tuo bacio per farmi tremare
Mi basta un ti amo per farmi sciogliere.
Sei la stella che brilla nel mio cielo di favola
Sei il mio angelo che ogni mattina mi sveglia
Sei la mia conchiglia che nell'onda ti amo sussurra
Sei il mio libro che ogni giorno rileggo.
Un tuo sguardo mi porta via l'anima
Sentendomi nudo dinanzi alla tua figura,
La mia voglia di andare oltre il reale aumenta
Anima libera son nata, adesso tu me l'hai tolta.
Vorrei volare su, sulle nuvole, verso il sole
Dove nasce la goccia, diventando pioggia vera
Dove incontri la pace, vedi con occhi diversi l'amore
Lassù dove il dolore non penetra il cuore.
Volare accanto all'amore come angeli divini
Lassù dove la luce irradia il cielo e le terre
Vagando nell'immenso aspettando una stella
La stella più luminosa, che per me brilla.
Nei tuoi occhi vedo felice la mia anima
Che brama d' emozione il tuo corpo
Un bacio a sfiorarti le carnose labbra
Il respiro affannato, chiudo gli occhi e ti bacio
Un volo proibito di un sogno, nel cassetto chiuso.

AMORE

Mio dolce e profumato fiore
Non ti regalerò mimose
Ritengo che i fiori adatti a te siano le rose
E ti dedicherò il mio tempo con amore.
L'Amore si dichiara a chi si ama veramente
L'Amore è la parola più importante
         che una donna possa ricevere
L'Amore non si pronuncia senza intesa
         di due cuori innamorati
L'Amore è la luce che ai tuoi occhi risplende
L'Amore è condividere spazzi, parole, amore
L'Amore è aver due corpi e un solo cuore
L'Amore è sopportare i pesi che la vita impone
L'Amore è bere nello stesso bicchiere
L'Amore è respirare lo stesso respiro
L'Amore è sacrificare un tuo sogno
         per condividere il suo
L'Amore è vedere il sole nel suo volto
L'Amore è stare abbracciati per ore
L'Amore è stargli a canto in un momento brutto,
         tranquilla ci sarò sempre io al tuo fianco
L'Amore è sopportare senza farsi del male
L'Amore è prendersi in giro è tanto bello far pace
L'Amore è farsi le coccole, baciarsi
L'Amore è amarsi senza insulti o violenze.
Tu donna, amica, moglie, amante
Sei un fiore, il più romantico il più sgargiante
Senza di te non esisterebbe   niente .

AMORE RUBATO

Amore   struggente   che vivi nel sole
Amore   fremente   fai tremare il cuore
Amore   vissuto   non è mai troppo
Amore   voluto   mi hai il cuor corrotto
Amore   scalpitante   che di baci mi copre
Amore   bruciante   nel tuo corpo bollente
Amore   tagliente   da far male al cuore
Amore   strafottente   che vuol sempre ragione
Amore   appassionato   che vive d'amore
Amore   desiderato   da far piangere il cuore
Amore   rubato   nel sogno di una notte
Ma sempre rimane   un Amore senza stagione.

AMORE PERSO

L'amor che ho per te non è solo portarti a letto
la risposta a tutto questo la trovi nel tuo cuore
ciò che oggi hai espresso sono solo parole.

Ogni gesto che io faccio o dico son lacrime versate
in ogni mio parlare un tempo eran risate,
oggi mi sto accorgendo che le stesse parole son sbagliate.

Il sorriso di un tempo da orecchio a orecchio
con il tempo è diventato un masso, un gran peso,
in ogni mio ti amo sembra esserci nascosto un inganno.

Nel silenzio dei miei giorni e notti insonni ti dirò ti amo
oggi finalmente ho capito qual' è il tuo sogno gitano
esasperarmi per portarmi ad esser pazzo e ceder la mano.

 Ammiro il mio controllo anche se spesso lo perdo
 mi sento in pace quando ti dico non sono il tuo zimbello,
mi immagino di esser un pagliaccio tra i raggi del sole nascosto.

Sto ballando tra le spire di un vento caldo la danza del mio tempo
inneggiando alla vita e sciupando il cuor come fossi in salita
vibra lo sento, sotto colpi che sembra dati da un martello.

Sei stata tu che sei riuscita a placarmi l'anima mia inferocita,
ma la risposta di un tempo tranquillo poco è durata
speravo di sentire una pace incommensurabile, una droga.

Oggi non ho sorrisi da mostrare e neppur voglio di apparire
voglio solo vivere senza nessun rimorso e senza dolore
se c'è l'amor si faccia avanti, oppur si dia pace al mio cuore.

AMORE LONTANO

Sono triste questa sera di luna piena,
Manchi tu al mio fianco
Vorrei scrivere il tuo nome nel cielo
Con la parola ti amo amore mio.
Sei nella musica che le stelle intonano,
Sei nei miei occhi in ogni mio pensiero
E ti vedo lì dipinta sorridente nella nuvola
Ma ti allontani verso nord sempre più distante.
Non pronunci una parola né un saluto
Mi guardi,occhi dentro occhi,mentre ti allontani,,
L'oscurità nasconde il tuo sguardo il sorriso
Nasconde i miei sospiri d'amore.
Ogni nota che una stella intona sei tu che la ispiri
In questa sera di luna piena tutto a te riporta
Torna aggrappata a quella nuvola mio amore
Torna questa notte è fatta per amare.
Ascolta nel vento della sera la mia parola
Tu sei me, sei immersa nel mio cuore
Tu sei nella mia mente e mi sospiri piano " ti amo"
Come non ascoltarti, come non amarti,mio amore lontano

AMORE INSPERATO

Desiderio di ancor vederti,parlarti
Palpiti che lascian segni nel cuore
È amore: si è amore.
È un fuoco che arde nelle vene
È una passione che mal si contiene
Vorrei gridarlo, io ti amo.
Brucia il mio corpo al tuo avvinghiato
Possedendoti con ardore mai vissuto
Di un amore tanto sognato,insperato.
Bevo di te alla tua fonte
Di sete d'amore e di passione
Senza pudore senza controllo.
Bevi di me alla mia fonte
Di sete d'amore e di passione
Prosciugando ogni nostro ardore.
Legati in questa passione
Che fonde l'anima il cuore
Rendendoci schiavi dei nostri sensi.

AMORE IN POESIA

Bimba mia se l'amore è ardore e poesia,
io sarò per te il tuo fuoco e tuo poeta,
da quanto sei da me amata, o mia stella.
Ti decanto queste parole mio dolce amore,
nel cielo stellato, c'è una stella la più lucente
che brilla illumina la via al suo amato.
Lassù un po' lontana, la luna piena fa da ruffiana
ai due innamorati, che ardono come il sole ,
sfiorandosi le labbra il cielo fan tremare.
Nel cielo una scia argentata appare,
con scritto ti amo mia adorata
sei il mio amore e ti voglio amare.
Amore mio sei una rosa di un profumo inebriante,
che mi confonde i sensi e la mente,
sarò accanto a te per sempre.
Io voglio essere il tuo uomo, il tuo amante,
ti voglio baciare ogni istante, per farti capire quanto ti amo
e quanto per me sei importante.
Con te voglio cogliere quel frutto profumato
che il signore ti ha donato
e fremere d'amore con il corpo e con il cuore.
A Maggio al fiorir del pesco e della rosa,
ti porterò un fascio di mimosa,
chiedendoti se vuoi essere mia sposa.
Quando sarai mia sposa,
ogni giorno coglierò un cesto di petali di rosa,
li getterò lungo il tuo cammino per dirti quanto ti amo.
tutte le volte che sarai triste e pensierosa,
ti decanterò una poesia d'amore, mia giovane sposa
ti voglio amare fino il giorno che sorgerà il sole.

AMO TE

Amo te lo devo ammettere,
non mento mai a me stesso
amo i tuoi respiri mancati
perché a me li hai donati
amo attendere il tuo arrivo
perché emoziona i miei battiti.
Amo la dolcezza del tuo sguardo
perché in esso si riflette il tuo animo
amo   la tua verità
perché nell'inganno l'amore muore
amo le tue parole
perché con le gesta tramuti il loro ardire.
Amo la sensibilità del tuo cuore
perché con essa vesti la tua pelle d'amore
amo la tua umiltà
ne faccio gloria mentre il mio amore esplode
amo la tua vita
perché ogni strada che percorri è colorita.
Amo te vita mia
che vivi nella mia anima e li ti custodisco
amo te sei il mio amore
perché l'anima è il giaciglio dell'eterno amore
amo te   ti vuoi decidere
perché   senza te la vita non è   vivere.

AMO LA VITA

Adoro la notte   che mi porta in sogno
Adoro anche il sole che risplende il giorno
Adoro la luna e il suo contorno
Adoro le stelle che lascian la scia
Adoro i pianeti che pienan l'universo.
Adoro   l'aeroplano   che vola su in alto
Adoro i giorni di pioggia e la rugiada
Adoro la nebbia che copre la pianura
Adoro la brina, il ghiaccio invernale, la neve
Adoro quando dal cielo cade e tutto copre.
Adoro la terra quando è   primavera
Adoro il profumo che lascia ogni fiore
Adoro veder il contadino lavorare
Adoro il caldo che ti fa scoprire
Adoro tutto quello che all'occhio è nascosto
Adoro i ciclamini nel sottobosco.

AMARTI OGNI STAGIONE

Appena sveglio tu sei il primo pensiero
amor mio quanto ti desidero e ti bramo
la mia mano scrive parole dettate dal cuore
per ricordarti ogni giorno che ti dono amore.

Il mio cuore la mia anima vogliono amarti
stanno sognando di volare lassù tra le nuvole
dove le nostre bocche e i cuori si cercano
e gli occhi vogliosi, appassionati, si incontrano.

Dopo la notte nasce l'alba, sboccia l'aurora
mentre nei cuori nasce e sboccia l'amore
il tempo si ferma per pochi attimi, per pochi baci
labbra che si desiderano, ma svaniscono in sogni.

Amor mio ogni sospiro è per te durante il giorno
ogni sussulto del mio cuore è di te un ricordo
tuo è il mio cuore, la mia anima, il mio ardore
allor ti respiro toccandoti con l'amore il cuore.

Vorrei tu toccassi il mio amore e ciò che provo
vorrei tu volassi nella mia anima e li il nido creare
vorrei come un marinaio navigassi in questo mare
troveresti certamente una risposta per il tuo amore.

Voglio guardarti negli occhi per vedere il sole,
stringerti tra le mie braccia, accarezzarti con ardore
saprei baciare le tue labbra, Il tuo corpo che mi doni
dando amore ai nostri desideri per tutte le stagioni

AMAMI IN LUGLIO

Ho voglia d'amore
Cuor non me lo puoi negare
Oggi mi sento felice; lo so per lei batti
Niente è cambiato dalle scorse notti.

Solo al tuo pensare mi sento bene
Ma come posso non volerti se mi chiami amore
Se il mio cuor battere veloce, questo è amore
Non tradire mai a chi hai giurato di voler bene.

Se uno scintillio negli occhi miei vedi
Se senti nello stomaco di farfalle un tremore
Come puoi credere che non sia amore
Questo è amor vero, quello che fa sognare.

Una donna che come un libro ti sa sfogliare
Ti sa leggere nel tuo pensare, nel tuo volere
Mi guardo attorno, col il cuore ancora incerto
Solo tu puoi convincerlo dicendogli dolci parole.

Con in mano il cuore torno a cercare parole
Per te amore In questo Luglio infuocato,
Ma per me sei tu la forza che mi sostiene
L'amore è passione, amarti è volerti bene.

AGONIA D'AMORE

Sono amore, pagine stampate in bianco per dolore
Amore che si smarrisce tra le vie del   cuore
Amor che brucia tutto ciò che trova in pochi attimi
Amor che cerca spazi   per nuovi vizi mai persi.
Amor che di me non sai niente, ho il cuor che mente
Amor di me conosci il nome di te so che mi vuoi bene
Amor che vola in alto come un'aquila   ama il vento
Amor che sfiora montagne, boschi, lasciando cuori persi.
Amore fatto di briciole in tasche sfondate
Amore con mille cose inutili, che non servon   a niente
Amor che porti fiori al funerale di un cuore morto
Amor che ha dimenticato l'appuntamento.
Amore nato uomo per distrazione di due persone
Amore sono morto e pur sorrido, ma quale uomo
Amore   fatto di passione e compassione
Amor che ricorda rose selvatiche d'ogni colore.
Amor che ha baciato le tue mani giurando amore
Amor fatto di menzogne, per arrestare la mia sete
Amore   senza avvenire, senza storia, nè destino
Amor così lontano che non vedrà luce il mattino.
Amor che riscalda le lunghe notti d'inverno
Amor che all'alba svanirà come un fantasma
Amor che lascia   il posto al nuovo giorno
Amor che fa girare il mondo, struggendosi in un secondo.

AGNELLO SACRIFICALE

Non esprimo parole per amanti
al mondo oscuri, in luoghi offuscati
da tenue luci che li sconosce
nelle figure e nei cuori brucianti
di tenero amore di giovani amanti.
Se è amore uscite fuori dalle ombre
fate vedere al sole il vostro amore
non nascondete agli altri l'identità
di due cuori pulsanti di teneri amanti
non c'è vergogna in amore se dettato dal cuore.
Veder li due ombre nascoste
mi fa pensare che non c'è cuore
ma solo sesso, rubato ad altro amore
eppur a veder le due figure
sembrano approcci di dolce amore.
Ma si! Certo lui è maturo,
lei giovane in calore che cerca amore
ma tu di tinto capello bianco,
il cuore di una bimba stai spezzando
fatti in dietro o collezionerai cuori infranti.
Ma si è certo:la penombra non fa veder il volto
l' amore oscura l'età,la bellezza,
tutto è bello e tu sei il sacrificale agnello
quando ti renderai conto del vecchio lupo
sarà tardi, non avrai più scampo.

A TE AMORE

Scrivo questi quattro versi per non morire
Per illustrarti il mio amore
Ti Scrivo rubando le parole al mio cuore
Per riempire il tuo cuor d'amore.

Il tuo splendido viso   non lesina sorriso
Il tuo sguardo   accattivante, malizioso
Le tue labbra carnose, tutte da baciare
Tu sei l'amore, il mio profondo desiderio.

Con la mia mano ti sfioro la lunga chioma
Le mie labbra ti stanno assaporando
La mia mano sul tuo seno sta scivolando
Tu, sei l'amore che mi scoppia nel cuore.

Non saprei senza te come vivere
Sento il tuo profumo che inebria i miei sensi
Sento le tue labbra sulla mia pelle
La sua voce ancor dirmi amor ti amo.

Sento la tua assenza, come fosse una punizione
Un tormento senza fine che sconvolge il cuore
Un dolore che giorno dopo giorno non ha fine
l'amaro si stringe intorno al cuore e lo fa soffocare.

A TE CHE SEI

Altre prima di te ho conosciuto
Ma nessuna a te ti uguaglia
Oggi son due mesi che ti amo.
Taccio amor mio il tuo nome
Per nessun bene al mondo
Darei l'amor che a te ho riposto.
Lotto per amarti
Lotterei ancor più per baciarti
Sulle tue labbra tremanti d'ardore.
Dei tuoi verginei rossori, pudori
Delle tue infuocate guance
Che con le mani nascondi.
Dal primo momento io ti amo
Facendo promesse e cose affermate
L'anima mia ed il cuor nulla nega.
Ci abbiam sognato sopra il nostro amore
Ti ho diletta mia principessa
Come ti viddi dissi:_ Com' è gentile e bella.
Mai! Mai lo giuro ti farò del male;
E pur dolce sarebbe farti un pò patire
Le pene dell'amore, per giocare.
Poi del tuo soffrir prendere il bene
E nell'Idilio dell'amor amare, amarti
E veder con che grazia mi ameresti e baceresti.
Vita mi hai regalato un sogno
E fosse l'ultimo con lei vorrei realizzarlo
Con l'amor che ancor in cuor tengo.

AMAMI

M fermo a   pensare, ogni parola a vagliare
Con il mio carattere e modo di fare instabile
Volo sospeso in aria, correndo   fino a spezzare il fiato.

Ecco questo sono, non tentar di farmi cambiare
Sarebbe tutto inutile, così si nasce, così si muore
Non ci son speranze, ma molto cuore ho per l'amore.

Il   tuo sorriso irresistibile, mai non spengere
La voglia dell'amore   ha quel sapore di desiderio
Che solo noi i nostri corpi, i sensi, ben conoscono.

Quando l'incendio dei corpi si fa bruciante
Diventano   incontrollabili i   sensi e la mente
Nessuna remore, nessun pudore, hanno più i corpi.

Non guardarmi negli occhi, ma l'anima toccami
Se con un sorriso, passando dal cuore, arrivi all'amore
Hai già vinto, sei tu che domini i ribelli spiriti.

Solo le emozioni, non ti fanno fuggire dall'amore
Invadono ogni spazio che il cuore dispone
Non ha più stanze per altri sollazzi, per le tentazioni.

AMARE

L'amore è ascoltare il vento che ti porta il messaggio
dell'amor tuo e dei desideri che ti sta chiedendo,
viene da lontano del suo cuor   il dolce richiamo.

L'amore che attraversa mare , cielo e monti
l'amore che di luce propria risplende negli specchi
l'amor   che scalda la tua pelle e il suo amor cerchi.

La tua anima su una dolce melodia danza
donando il suo cuore all'amor che le manca
con dolcezze d'altri tempi l'amor vero ti racconta.

L'anima, il cuor, la mente , il corpo è tutto un fremito
facendoti entrare in un mondo di emozioni in palpito
dell'amor ti sto narrando, del tuo cuor forte è il battito.

L'amore se non è in due non ha senso, non ha consenso
in un mondo che in malora sta andando è tutto diverso
non più carezze, baci di un tempo, ma solo corpo a corpo.

AMARTI OGNI STAGIONE

Appena sveglio tu sei il primo pensiero
amor mio quanto ti desidero e ti bramo
la mia mano scrive parole dettate dal cuore
per ricordarti ogni giorno che ti dono amore.

Il mio cuore la mia anima vogliono amarti
stanno sognando di volare lassù tra le nuvole
dove le nostre bocche e i cuori si cercano
e gli occhi vogliosi, appassionati, si incontrano.

Dopo la notte nasce l'alba, sboccia l'aurora
mentre nei cuori nasce e sboccia l'amore
il tempo si ferma per pochi attimi, per pochi baci
labbra che si desiderano, ma svaniscono in sogni.

Amor mio ogni sospiro è per te durante il giorno
ogni sussulto del mio cuore è di te un ricordo
tuo è il mio cuore, la mia anima, il mio ardore
allor ti respiro toccandoti con l'amore il cuore.

Vorrei tu toccassi il mio amore e ciò che provo
vorrei tu volassi nella mia anima e li il nido creare
vorrei come un marinaio navigassi in questo mare
troveresti certamente una risposta per il tuo amore.

Voglio guardarti negli occhi per vedere il sole,
stringerti tra le mie braccia, accarezzarti con ardore
saprei baciare le tue labbra, Il tuo corpo che mi doni
dando amore ai nostri desideri per tutte le stagioni

AMIATA AMATA

Terra mia terra dell' Amiata tanto aspra, tanto amata
t'ho lasciato ancor ragazzo, tanti altri ho seguito
ti ho lasciato per un posto di lavoro in altro luogo
avara sei sempre stata, se pur bella, mia terra amata.

Immerso in altri luoghi, altri lavori, altre persone,
ho sognato dei tuoi boschi i vari colori e del castagno i fiori
l'azzurro cielo e le nubi che coprono la cima del tuo monte
le tue nevi, i tuoi freddi gelidi, le fiorite primaverili, i profumi.

Nel ricordo di un tempo oramai passato, nel paese la stalla,
del somaro il raglio, il ticchettio degli zoccoli ferrati sul selciato,
il basto all'asinello con i corbelli a lato carichi di sterco,
lo strusciar dei corbelli ai muri delle case del paese vecchio.

Ho portato con me il sapore della tua gente, delle acque fresche
il mormorio delle fonti e delle fontanelle lungo le strade
le tue vigne e gli olivi al fondo dei tuoi piedi, il suonar di campane
che si spandeva oltre il paese scendendo per le vigne.

O mia montagna che al palio hai dato gloria con le contrade
nei giorni di Settembre dai entusiasmo incitando il suo cavallo
nella corsa, nella battaglia per la contrada, per la vittoria,
son tornato, ho lottato ovunque e sempre per la mia terra Ciola.

(Ciola: detto dei paesani del mio paese Casteldelpiano)

AMO LA VITA

Adoro la notte   che mi porta in sogno
Adoro anche il sole che risplende il giorno
Adoro la luna e il suo contorno
Adoro le stelle che lascian la scia
Adoro i pianeti che pienan l'universo.
Adoro   l'aeroplano   che vola su in alto
Adoro i giorni di pioggia e la rugiada
Adoro la nebbia che copre la pianura
Adoro la brina, il ghiaccio invernale, la neve
Adoro quando dal cielo cade e tutto copre.
Adoro la terra quando è   primavera
Adoro il profumo che lascia ogni fiore
Adoro veder il contadino lavorare
Adoro il caldo che ti fa scoprire
Adoro tutto quello che all'occhio è nascosto
Adoro i ciclamini nel sottobosco.

AMO TE

Amo te lo devo ammettere,
non mento mai a me stesso
amo i tuoi respiri mancati
perché a me li hai donati
amo attendere il tuo arrivo
perché emoziona i miei battiti.
Amo la dolcezza del tuo sguardo
perché in esso si riflette il tuo animo
amo   la tua verità
perché nell'inganno l'amore muore
amo le tue parole
perché con le gesta tramuti il loro ardire.
Amo la sensibilità del tuo cuore
perché con essa vesti la tua pelle d'amore
amo la tua umiltà
ne faccio gloria mentre il mio amore esplode
amo la tua vita
perché ogni strada che percorri è colorita.
Amo te vita mia
che vivi nella mia anima e li ti custodisco
amo te sei il mio amore
perché l'anima è il giaciglio dell'eterno amore
amo te   ti vuoi decidere
perché   senza te la vita non è vivere.

AMORE AMORE AMORE

Grazie amore di amarmi ancora un nuovo giorno
Grazie di regalarmi ancora un sorriso
Grazie di darmi la possibilità di pensarti.

Mi sento il cuore leggero,sereno
Come quello di un   bambino
Che adora il suo giocattolo amato.

Sento il tuo amore a me accanto,nel mio cuore
Gioisco di questo e il mio corpo si scalda
Ti amo mio dolce fiore di maggio, mia rosa.
Solo al tuo pensare mi si blocca il respiro,
Mi corre il cuore a galoppo,
Mi treman le gambe mi si affanna il respiro.

Ma tu sei amore il mio amore vero
Che cullo ogni giorno riempiendo d'amore il mio cuore
Ma io ti avrò amor mio, scorrerà il mio sangue nelle tue vene.
Siamo tutt'uno   un unico corpo fremente
Un unico cuore che governa i nostri sensi,l'amore
Tu sei l'amore, il mio tormento,il piacere.

AMORE   IN POESIA

Bimba mia se l'amore è ardore e poesia,
io sarò per te il tuo fuoco e tuo poeta,
da quanto sei da me amata, o mia stella.
Ti decanto queste parole mio dolce amore,
nel cielo stellato, c'è una stella la più lucente
che brilla illumina la via al suo amato.
Lassù un po' lontana, la luna piena fa da ruffiana
ai due innamorati, che ardono come il sole ,
sfiorandosi le labbra il cielo fan tremare.
Nel cielo una scia argentata appare,
con scritto ti amo mia adorata
sei il mio amore e ti voglio amare.
Amore mio sei una rosa di un profumo inebriante,
che mi confonde i sensi e la mente,
sarò accanto a te per sempre.
Io voglio essere il tuo uomo, il tuo amante,
ti voglio baciare ogni istante, per farti capire quanto ti amo
e quanto per me sei importante.
Con te voglio cogliere quel frutto profumato
che il signore ti ha donato
e fremere d'amore con il corpo e con il cuore.
A Maggio al fiorir del pesco e della rosa,
ti porterò un fascio di mimosa,
chiedendoti se vuoi essere mia sposa.
Quando sarai mia sposa,
ogni giorno coglierò un cesto di petali di rosa,
li getterò lungo il tuo cammino per dirti quanto ti amo.
tutte le volte che sarai triste e pensierosa,
ti decanterò una poesia d'amore, mia giovane sposa
ti voglio amare fino il giorno che sorgerà il sole.

AMORE INSPERATO

Desiderio di ancor vederti,parlarti
Palpiti che lascian segni nel cuore
È amore: si è amore.
È un fuoco che arde nelle vene
È una passione che mal si contiene
Vorrei gridarlo, io ti amo.
Brucia il mio corpo al tuo avvinghiato
Possedendoti con ardore mai vissuto
Di un amore tanto sognato,insperato.
Bevo di te alla tua fonte
Di sete d'amore e di passione
Senza pudore senza controllo.
Bevi di me alla mia fonte
Di sete d'amore e di passione
Prosciugando ogni nostro ardore.
Legati in questa passione
Che fonde l'anima il cuore
Rendendoci schiavi dei nostri sensi.

AMORE LONTANO

Sono triste questa sera di luna piena,
Manchi tu al mio fianco
Vorrei scrivere il tuo nome nel cielo
Con la parola ti amo amore mio.
Sei nella musica che le stelle intonano,
Sei nei miei occhi in ogni mio pensiero
E ti vedo lì dipinta sorridente nella nuvola
Ma ti allontani verso nord sempre più distante.
Non pronunci una parola né un saluto
Mi guardi,occhi dentro occhi,mentre ti allontani,,
L'oscurità nasconde il tuo sguardo il sorriso
Nasconde i miei sospiri d'amore.
Ogni nota che una stella intona sei tu che la ispiri
In questa sera di luna piena tutto a te riporta
Torna aggrappata a quella nuvola mio amore
Torna questa notte è fatta per amare.
Ascolta nel vento della sera la mia parola
Tu sei me, sei immersa nel mio cuore
Tu sei nella mia mente e mi sospiri piano " ti amo"
Come non ascoltarti, come non amarti,mio amore lontano . .

AMORE MIO

Passione mia
Nonostante la distanza che ci separa
Il tuo amore giunge a me
Attraverso il sospiro del vento,
Attraverso la voce del mare,
Attraverso gli sguardi della luna.
Vorrei esserti vicino
Per sussurrare nel tuo respiro
Le mie parole d'amore
Per respirare il tuo respiro.

AMORE PERSO

L'amor che ho per te   non è solo portarti a letto
la risposta a tutto questo   la trovi nel tuo cuore
ciò che oggi   hai espresso sono solo parole.

Ogni gesto che io faccio o dico son lacrime versate
in ogni mio parlare un   tempo eran risate,
oggi mi sto accorgendo   che le stesse parole son sbagliate.

Il sorriso di un tempo da orecchio a orecchio
con il   tempo è diventato un masso, un gran peso,
in ogni mio ti amo sembra esserci nascosto un inganno.

Nel silenzio dei miei giorni e notti insonni ti dirò ti amo
oggi finalmente ho capito qual' è il tuo sogno gitano
esasperarmi per portarmi ad esser pazzo e ceder la mano.

 Ammiro il mio controllo anche se spesso lo perdo
 mi sento in pace quando ti dico non sono il tuo zimbello,
mi immagino di esser un pagliaccio tra i raggi del sole nascosto.

Sto ballando tra le spire di un vento caldo la danza del mio tempo
inneggiando alla vita e sciupando il cuor come fossi in salita
vibra lo sento, sotto colpi che sembra dati da un martello.

Sei stata tu che sei riuscita a placarmi l'anima mia inferocita,
ma la risposta di un tempo tranquillo poco è durata
speravo di sentire una pace incommensurabile, una droga.

Oggi non ho sorrisi da mostrare e neppur voglio di apparire
voglio solo vivere senza nessun rimorso e senza dolore
se c'è l'amor si faccia avanti, oppur si dia pace al mio cuore.

AMORE RUBATO

Amore   struggente   che vivi nel sole
Amore   fremente   fai tremare il cuore
Amore   vissuto   non è mai troppo
Amore   voluto   mi hai il cuor corrotto
Amore   scalpitante   che di baci mi copre
Amore   bruciante   nel tuo corpo bollente
Amore   tagliente   da far male al cuore
Amore   strafottente   che vuol sempre ragione
Amore   appassionato che vive d'amore
Amore   desiderato   da far piangere il cuore
Amore   rubato   nel sogno di una notte
Ma sempre rimane   un Amore senza stagione

ANGELO BIONDO

L'amore è in ogni luogo, in ogni cuore
bisogna saperlo scovare, odorare,
se ti guardi intorno con gli occhi del volere
lo troverai facilmente senza tanto cercare.

Quando la tua vita sembra finita e vedi solo buio,
senti sulle tue spalle un peso troppo grande
mentre le forze di un giorno vanno a scemare
e ti viene da dire: non mi sono dimenticato di te Signore.

Una qualunque persona ti saluta, ti sorride,
rispondi al saluto, ma non fai caso a quella persona,
una delle tante che ogni giorno trovi sul tuo cammino
solo dopo realizzi che un angelo ti è passato vicino.

Ti accorgi che in ogni suo gesto ti fa sentir meglio
con un semplice sorriso ti regala il mondo
ti accorgi che stai rinascendo a nuova vita,
la forza di andare avanti te la dà il coraggio anche se in salita.

Ti dà l'impulso di alzarti, di riprendere il cammino
da quel buio filtra un raggio di luce, di felicità, d'amore
ti rendi conto che quella pelle chiara, quegli occhi azzurri
facevano parte di una forza celeste che ti ha teso la mano.

Mettendoti al fianco un angelo biondo per darti una mano,
la sua presenza mi rende la vita vivibile, libera, di andar lontano
mi sento leggero, mi libro nel cielo come un gabbiano
angelo biondo che doni la tua vita con lo sguardo e un sorriso.

Indice

Finito di stampare nel mese di Febbraio 2015
per conto di Youcanprint *Self-Publishing*